古典文獻研究輯刊

二七編

潘美月・杜潔祥 主編

第 18 冊

四古本《老子》異文研究（下）

朱懷清 著

國家圖書館出版品預行編目資料

四古本《老子》異文研究（下）／朱懷清 著 — 初版 — 新北市：
花木蘭文化事業有限公司，2018〔民107〕
目 4+206 面；19×26 公分
（古典文獻研究輯刊 二七編；第18冊）
ISBN 978-986-485-576-6（精裝）
1. 老子 2. 研究考訂

011.08　　　　　　　　　　　　　　　　107012295

古典文獻研究輯刊
二七編　第十八冊　　　　　　ISBN：978-986-485-576-6

四古本《老子》異文研究（下）

作　　者　朱懷清
主　　編　潘美月　杜潔祥
總 編 輯　杜潔祥
副總編輯　楊嘉樂
編　　輯　許郁翎、王筑　美術編輯　陳逸婷
出　　版　花木蘭文化事業有限公司
發 行 人　高小娟
聯絡地址　235 新北市中和區中安街七二號十三樓
　　　　　電話：02-2923-1455／傳眞：02-2923-1452
網　　址　http://www.huamulan.tw 信箱 hml 810518@gmail.com
印　　刷　普羅文化出版廣告事業
初　　版　2018 年 9 月
全書字數　445959 字
定　　價　二七編 24 冊（精裝）新台幣 46,000 元

四古本《老子》異文研究（下）

朱懷清　著

目次

上 冊

前 言 …………………………………………………… 1

緒 論 …………………………………………………… 3

第一篇 《老子・道經》異文校讀 上 …………… 13

第一章 體道 …………………………………………… 15

第二章 養身 …………………………………………… 23

第三章 安民 …………………………………………… 45

第四章 無源 …………………………………………… 49

第五章 虛用 …………………………………………… 55

第六章 成象 …………………………………………… 63

第七章 韜光 …………………………………………… 67

第八章 易性 …………………………………………… 69

第九章 運夷 …………………………………………… 75

第十章 能爲 …………………………………………… 83

第十一章 無用 ………………………………………… 91

第十二章 檢欲 ………………………………………… 95

第十三章　厭恥 …………………………………………… 99
第十四章　贊玄 …………………………………………… 107
第十五章　顯德 …………………………………………… 117
第十六章　歸根 …………………………………………… 137
第十七章　淳風 …………………………………………… 149
第十八章　俗薄 …………………………………………… 157

中　冊

第二篇　《老子‧道經》異文校讀　下 …………… 163
第十九章　還淳 …………………………………………… 165
第二十章　異俗 …………………………………………… 177
第二十一章　虛心 ………………………………………… 193
第二十二章　苦恩 ………………………………………… 199
第二十三章　虛無 ………………………………………… 205
第二十四章　益謙 ………………………………………… 211
第二十五章　象元 ………………………………………… 215
第二十六章　重德 ………………………………………… 227
第二十七章　巧用 ………………………………………… 235
第二十八章　反樸 ………………………………………… 243
第二十九章　無爲 ………………………………………… 249
第 三 十 章　儉武 ………………………………………… 253
第三十一章　偃武 ………………………………………… 261
第三十二章　聖德 ………………………………………… 271
第三十三章　辯德 ………………………………………… 285
第三十四章　任成 ………………………………………… 287
第三十五章　仁德 ………………………………………… 291
第三十六章　微明 ………………………………………… 297
第三十七章　爲政 ………………………………………… 303

第三篇　《老子‧德經》異文校讀　上 …………… 309
第三十八章　論德 ………………………………………… 311
第三十九章　法本 ………………………………………… 317
第 四 十 章　同異 ………………………………………… 327
第四十一章　去用 ………………………………………… 341

第四十二章　道化 ……………………………………… 343

第四十三章　偏用 ……………………………………… 349

第四十四章　立戒 ……………………………………… 351

第四十五章　洪德 ……………………………………… 357

第四十六章　儉欲 ……………………………………… 367

第四十七章　鑒遠 ……………………………………… 373

第四十八章　忘知 ……………………………………… 377

第四十九章　任德 ……………………………………… 381

第　五　十　章　貴生 ……………………………………… 387

第五十一章　養德 ……………………………………… 395

第五十二章　歸元 ……………………………………… 401

第五十三章　益證 ……………………………………… 409

第五十四章　修觀 ……………………………………… 413

第五十五章　玄符 ……………………………………… 421

下　冊

第四篇　《老子・德經》異文校讀　下 ………… 439

第五十六章　玄德 ……………………………………… 441

第五十七章　淳風 ……………………………………… 447

第五十八章　順化 ……………………………………… 459

第五十九章　守道 ……………………………………… 467

第　六　十　章　居位 ……………………………………… 473

第六十一章　謙德 ……………………………………… 477

第六十二章　爲道 ……………………………………… 483

第六十三章　恩始 ……………………………………… 489

第六十四章　守微 ……………………………………… 495

第六十五章　淳德 ……………………………………… 513

第六十六章　後己 ……………………………………… 517

第六十七章　獨立 ……………………………………… 523

第六十八章　顯質 ……………………………………… 529

第六十九章　三寶 ……………………………………… 535

第　七　十　章　配天 ……………………………………… 543

第七十一章　玄用 ……………………………………… 545

第七十二章　知難 …………………………………………… 551

第七十三章　知病 …………………………………………… 555

第七十四章　愛己 …………………………………………… 557

第七十五章　任爲 …………………………………………… 561

第七十六章　制惑 …………………………………………… 565

第七十七章　貪損 …………………………………………… 569

第七十八章　戒強 …………………………………………… 573

第七十九章　天道 …………………………………………… 579

第　八　十　章　任信 …………………………………………… 583

第八十一章　任契 …………………………………………… 587

第五篇　《老子》異文分類 ………………………………… 593

　1. 假借字 ……………………………………………… 593

　2. 同義字 ……………………………………………… 620

　3. 異體字 ……………………………………………… 627

　4. 誤字 ………………………………………………… 629

第六篇　帛書《老子》勘定本 ……………………………… 631

　道經 ………………………………………………………… 631

　德經 ………………………………………………………… 635

參考文獻 ……………………………………………………… 641

第四篇 《老子・德經》異文校讀 下

第五十六章　玄　德

閔（楚簡本）——閉（帛書甲乙、漢簡本、王弼本）

楚簡本：閔亓逆，賽亓門。（甲27）

帛書甲：塞其悶，閉其門。（38）

帛書乙：塞其垸，閉其門。（18上）

漢簡本：塞其脫，閉其門。（51）

王弼本：塞其兌，閉其門。（12-285）

　　李零：「閔」是「閟」之誤，非「閉」之誤。簡文「閉」多從門從必，從戈乃從必之誤。〔註1〕

　　此處楚簡本「閉」、「塞」，它本爲「塞」、「閉」，二字義同可互用。其他字解見第52章。《說文・門部》：「閟，閉門也。從門必聲。《春秋傳》曰：『閟門而與之言。』」《詩・鄘風・載馳》：「視爾不臧，我思不閟。」毛傳：「閟，閉也。」《左傳・莊三十二年》：「初，公築臺臨黨氏，見孟任，從之，閟。而以夫人言，許之。」《說文・門部》：「閉，闔門也。從門；才，所以距門也。」《易・復》：「先王以至日閉關，商旅不行。」孔穎達疏：「關門掩閉，商旅不行。」《史記・樂書》：「禮者，所以閉淫也。」閉爲會意字，閟爲形聲字，皆爲幫母質部字，音義同可互用。

　　閔，同「閍」。《說文・》：「閍，試力士錘也。從門，從戈，或從戰省。」段玉裁注：「當作：『或曰：從戰省聲。』」閍爲影母元部字，閟爲幫母質部，音不相類，戈與必篆文形近，當爲誤寫，閟誤寫爲閔。當從李零說。

〔註1〕　李零：《郭店楚簡校讀記》，《道家文化研究》第17輯，第470頁。

迵（楚簡本）──同（帛書甲乙、漢簡本、王弼本）

紐（楚簡本）──塗（帛書甲）──畛（漢簡本）──塵（帛書乙、王弼本）

楚簡本：和亓光，迵亓紐。（甲 27）

帛書甲：〔和〕其光，同亓塗。（38）

帛書乙：和亓光，同亓塵。（18 上）

漢簡本：和其光，同其畛。（51）

王弼本：和其光，同其塵。（12-285）

《說文・辵部》：「迵，迵迭也。从辵同聲。」王筠《句讀》：「迵迭即是洞達。上文達或曰迭，是也。」《玉篇・辵部》：「迵，通達也。」《淮南子・要略》：「通迵造化之母也。」王念孫《讀書雜志》：「通、迵二字，義不相屬，迵當為迵字之誤也。迵亦通也。通迵造化之母，謂通乎造化之原也。」迵其塵，意指通達人世間之事，於文義亦通，洞徹人事間之事才能更好地與世混同。《說文・冃部》：「同，合會也。从冃从口。」迵、同皆為定母東部，音同可借，迵乃同之借。

《郭店楚墓竹簡》註釋：**紐**，簡文多用作「慎」，此處則借為「塵」，「慎」、「塵」音近。簡文**紐**下重文號衍。〔註2〕

紐，從言從斤糸聲。從言從斤意為砍斫言辭以示審慎也；從心也是如此，為斧正心態以為慎。《爾雅・釋詁》：「慎，思也。」《方言》卷一：「慎，思也，秦晉或曰慎。凡思之貌亦曰慎。」《詩・小雅・巷伯》：「慎爾言也。」皆有預先思量、考量之意。《六書精薀》：「人心有假者修之於昭昭，肆之於冥冥，惟慎為眞心。」徐鍇曰：「眞心為慎，不鹵莽也。」慎為襌母眞部字，塵為定母眞部字，聲母皆為舌頭音，故音同可借。

塗為會意字，從軫從土。《說文・車部》：「軫，車後橫木也。」軫又可代表車，以部份表示整體，《國語・晉語四》：「還軫諸侯。」韋昭注：「還軫，猶迴車。」又《廣韻・軫韻》：「軫，轉也，動也。」轉動車輪而引起塵土，從土為「塗」，《詩・小雅・無將大車》：「無將大車，祗自塵兮。」《說文・麤部》：「麤，鹿行揚土也。从麤从土。麤，籀文。」段玉裁注：「羣行則塵土甚，引申為凡揚土之偁。」朱駿聲《說文通訓定聲》：「麤，亦省作塵。」

〔註2〕　荊門市博物館：《郭店楚墓竹簡》，北京：文物出版社，1998 年 5 月，第 116 頁。

《說文·田部》：「畛，井田閒陌也。从田今聲。」《廣韻·軫韻》：「畛，田界。」

愼爲禪母眞部字，軫、畛爲章母文部字，塵爲定母眞部字，聲母皆爲舌頭音，「文」、「眞」旁轉，故埃、𡉻、畛、塵音通可借。𡉻、埃、畛爲「塵」之假借字。

劋（楚簡本）──坐（帛書甲）──銼（帛書乙）──挫（漢簡本、王弼本）

𦮼（楚簡本）──閲（帛書甲）──兌（帛書乙、漢簡本）──銳（王弼本）

紛（楚簡本、帛書甲乙、漢簡本）──分（王弼本）

楚簡本：劋亓𦮼，解亓紛。（27）

帛書甲：坐亓閲，解亓紛。（38-39）

帛書乙：銼亓兌，而解亓紛。（18 上）

漢簡本：挫其兌，解其紛。（51）

王弼本：挫其銳，解其分。（12-285）

剉、銼爲清母歌部，挫爲精母歌部，坐爲從母歌部，聲母皆爲舌尖前音，故音同可借。

劋，從刀畜聲，畜爲透母覺部。

《說文·土部》：「坒，止也。从土，从留省。土，所止也。此與留同意。坐，古文坐。」疑劋當作「剉」字，畜、留形近而誤寫作畜。又《說文·田部》：「畜，田畜也。《淮南子》曰：玄田爲畜。蓄，《魯郊禮》畜从田从兹。兹，益也。」既然「畜」又「从田从兹」，作「蓄」，當爲「蓄」、「疄」的省形，爲二字的異體字，讀作「兹」，爲精母之部字。

《說文·金部》：「銼，鍑也。从金坐聲。」銼與「挫」通，《篇海類編·珍寶類·金部》：「銼，折也，摧也。」《史記·楚世家》：「亡地漢中，兵銼藍田。」《說文·手部》：「挫，摧也。从手坒聲。」《廣雅·釋詁一》：「挫，折也。」《周禮·多官·考工記·輪人》：「凡揉牙，外不廉而內不挫。」鄭玄注：「廉，絕也；挫，折也。」故劋（剉）、坐、銼爲挫之借。

𢖩，根據楚簡原始圖形，當從介從睍𧧷。《古文四聲韻》引《古老子》「閱」字寫作「愳」；引《義雲章》「閱」字寫作「愳」〔註3〕。睍當爲「門」字，「心」與「兌」形近，故當讀作「閱」字。「介」當爲兌之形訛，故當爲「閱」字變體。帛書甲本此處之字正作「閱」。「兌」、「銳」爲定母月部，「閱」爲餘母（喻四）月部，上古聲母皆爲舌頭音，且閱從「兌」得聲，音通可借。閱、兌爲銳之借。

《說文·八部》：「分，別也。从八从刀，刀以分別物也。」分用作紛，《鬼谷子·抵巇》：「天下紛錯。」《荀子·儒效篇》：「分分乎其有終始也。」《淮南子·繆稱訓》：「禍之生也分分。」高誘注：「分分，猶紛紛。」《說文·糸部》：「紛，馬尾韜也。从糸分聲。」《廣雅·釋詁三》：「紛，亂也。」《墨子·尚同中》：「當此之時，本無有敢紛天子之教者。」孫詒讓《墨子閒詁》：「謂不敢變亂天子之教令。」分爲幫母文部，紛爲滂母文部，聲母皆爲唇音，音通可借。分爲紛之借。

天（楚簡本）──而（帛書甲乙、王弼本）
楚簡本：古不可㫼天新。（甲28）
帛書甲（39）、漢簡本（52）、王弼本（12-285）：故不可得而親。
帛書乙：故不可得而親也。（18上）
《郭店楚墓楚墓楚簡》釋文隸寫作「天」，以爲「而」字之誤。〔註4〕
此簡下文有幾個「而」和「天」對比，爲形近而誤。第57章楚簡本「人多智天哦勿慇记」中的「天」當爲「而」，也爲形近而誤。第32章亦有此誤。

疋（楚簡本）──疏（帛書甲乙、漢簡本、王弼本）
楚簡本：亦不可㫼而疋。（甲28）
帛書甲（39）、漢簡本（52）：亦不可得而疏。
帛書乙：亦不可得而疏。（18下）
王弼本：不可得而疏。（12-285）
《說文·疋部》：「疋，足也。上象腓腸，下从止。《弟子職》曰：『問疋何止。』古文以爲《詩·大疋》字。亦以爲足字。或曰胥字。一曰疋，記也。」

〔註3〕　《汗簡　古文四聲韻》，李零、劉新光整理，北京：中華書局，2010年7月，第137頁。
〔註4〕　荊門市博物館：《郭店楚墓竹簡》，北京：文物出版社，1998年5月，第113頁。

段玉裁注：「『記』下云『疋也』，是爲轉注，後代改疋爲疏耳，疋、疏古今字。」
又於《說文‧言部》「記」注云：「疋，各本作疏，今正。《疋部》曰：『一曰
疋，記也。』此疋、記二字轉注也。疋今字作疏，爲分疏而識之也。」段說
只是從疋、記互訓的角度上來說，疋、疏無例證。疋或爲足，或爲胥，或爲
雅，或爲記，無有定準。從其字形上看，當以足爲本義。朱駿聲《說文通訓
定聲‧豫部》：「疏，段借爲疋。」《淮南子‧道應》：「子佩疏揖，北面立於殿
下。」高誘注：「疏，徒跣也。」這是從本義上來說明疏、疋相通，但朱駿聲
以爲是假解字。

　　《說文‧㐬部》：「疏，通也。从㐬从疋，疋亦聲。」朱駿聲《說文通訓
定聲》：「㐬者，子生也；疋者，破包足動也。孕則塞，生則通，因轉注爲開
通分遠之誼。」子生之後，與母體分離，則已有疏遠之義在其中矣，故當爲
會意字。疋爲其義與聲，保留了疋之本義，但無「㐬」，則無離也。疏、疋皆
爲母魚部字，故「疋」與「疏」聲同義近，故可通借。雖義有所通但不能等
同，疋無離義，故爲假借字。

　　王弼注云：「可得而親，則可得而疏也。」「疏」作「疎」，《廣韻‧魚韻》：
「疏，俗作疎。」《禮記‧祭統》：「見貴賤之等焉，見親疏之殺焉。」疏之古
文形與疎同，疑爲同一字或異體字。《汗簡 古文四聲韻》只有「疎」，而無「疏」。
楚系簡帛文字「疏」從糸從疋〔註5〕。

　　《莊子‧徐无鬼》：「故無所甚親，無所甚疏，抱德煬和，以順天下，此
謂眞人。」無親疏、利害、貴賤，則無分別心矣；無分別心則無欲無求，和
光同塵。

　　戔（楚簡本）──淺（帛書甲）──賤（帛書乙、漢簡本、王弼本）
楚簡本：不可旻而貴，亦不可旻而戔。（29）
帛書甲：不可〔得〕而貴，亦不可得而淺。（39-40）
帛書乙（18 下）、漢簡本（53）：不可得而貴，亦不可得而賤。
王弼本：不可得而貴，不可得而賤。（12-286）
　　《集韻‧獮韻》：「戔，少意。」《字彙‧戈部》：「戔，淺少之意。」《易‧
賁》：「束帛戔戔。」朱熹注：「戔戔，淺小之意。」《說文‧貝部》：「賤，賈

〔註5〕 滕壬生：《楚系簡帛文字編》，武漢：湖北教育出版社，2008 年 10 月，第 1229
　　　 頁。

少也。」《六書故・動物四》:「賤,物賈之印爲貴,下爲賤。賤亦有少義,卑賤是其引申義。《玉篇・貝部》:「賤,卑下也,不貴也。」《廣韻・釋言》:「賤,卑也。」《易・屯・象》:「以貴下賤,大得民也。」《書・旅獒》:「不貴異物,賤用物,民乃足。」《說文・水部》:「淺,不深也。」亦有少、小之義。《荀子・修身》:「少聞曰淺。」《管子・八觀》:「國地小兒食地淺也。」淺、小互文見義。《呂氏春秋・先己》:「吾地不淺,吾民不寡。」高誘注:「淺,褊也。」褊,衣小也;寡,少也。淺、寡互文見義。

賤爲從母元部;戔、淺爲清母元部,聲母皆爲舌尖前音,音通可借。

故戔、淺、賤音義皆通,可通用。戔、淺爲賤之假借字。

本章整理:知之者弗言,言之者弗知。塞其兌,閉其門;挫其銳,解其紛;和其光,同其塵,是謂玄同。故不可得而親,亦不可得而疏;不可得而利,亦不可得而害;不可得而貴,亦不可得而賤。故爲天下貴。

第五十七章　淳　風

之（楚簡本、帛書甲乙、漢簡本）——治（王弼本）

戠（楚簡本）——畸（帛書甲乙）——倚（漢簡本）——奇（王弼本）

楚簡本：以正之邦，以戠甬兵。（甲 29）

帛書甲：以正之邦，以畸用兵。（40）

帛書乙：以正之國，以畸用兵。（19 上）

漢簡本：以正之國，以倚用兵。（54）

王弼本：以正治國，以奇用兵。（12-286）

　　之爲章母之部；治爲定母之部，皆屬舌面前音，故音通可借。「之」於經典中亦常作動詞用。如相當於「爲」，清吳昌瑩《經詞衍釋》卷九：「之，猶爲也。」《孟子・滕文公下》：「有楚大夫於此，欲其子之齊語也，則使齊人傳諸？使楚人傳諸？」然這種用法畢竟是少數，且「爲齊語」也可作「治齊語」，治也有「爲」義，猶學習齊語也，《孟子・公孫丑下》：「夫既或治之，予何言哉？」「治之」猶「爲之」。故「之齊語」之「之」還是當作「治」解。經典常用「治」，故從常而不從僻。「之」字其他動詞亦與「國」搭配不類。故「之」乃「治」之假借字。「治」在此處作「治理、經營、統治」解，《周禮・天官・大宰》：「一曰治典，以經邦國，以治官府，以紀萬民。」經、治、紀，字異而義同，都是治理的意思。

　　戠，從戈從奇，奇亦聲，字本身即有兵戈術謀之義。奇、畸爲見母（或群母）歌部字，倚爲影母歌部字，聲母皆爲喉音，音通可借。戠、畸、倚從奇得聲，與奇音通可借。《說文・可部》：「奇，異也。一曰不耦。」《難經・奇

經八脈》：「二十七難曰：脈有奇經八脈者，不拘於十二經。」虞庶注：「謂此八脈不係正經，陰陽無表裡配合，別道奇行，故曰奇經也。」《正字通・大部》：「一者，奇也；二者，偶也。陽奇而陰偶。」即單數為奇，雙數為偶。《易・繫辭下》：「陽卦奇，陰卦偶。」又「歸奇于扐以象閏。」說的就是算卦中出現的零頭之數。畸亦有此意。《說文・田部》：「畸，殘田也。」段玉裁注：「殘田者，餘田不整齊者也。」《正字通・田部》：「畸，井田為正，零田不可井者為畸，地勢多邪曲，井田取正方，則田必有畸零。」又「凡數之零餘者皆曰畸。」《說文・人部》：「倚，依也。从人奇聲。」《集韻・支韻》：「倚，曲也。」《墨子・備城門》：「倚殺如城報。」孫詒讓《墨子閒詁》：「倚殺猶言邪殺。」《集韻・寘韻》：「倚，奇也。」《莊子・天下》：「南方有倚人焉，曰黃繚。」郭慶藩《莊子集釋》：「倚當為奇。」《字彙・人部》：「倚，偏側也。」《禮記・中庸》：「中立而不倚。」孔穎達疏：「中正獨立而不偏倚。」

　　由上可知，奇、畸、倚皆有不正不規則之義，與正相對，有偏、邪之義。《廣雅・釋詁二》：「畸，衺也。」《荀子・天論》：「故道之所善，中則可從，畸則不可為，匿則大惑。」楊倞注：「畸者，謂偏也。」《集韻・支韻》：「奇，異也。或作畸。」劉師培云：「案『奇』與『正』對文，則『奇』義同邪，《管子・白心篇》『奇身名廢』，注云：『奇，邪不正也。』是『奇』即不正。『以奇用兵』，即不依正術用兵也。」當然，奇雖有邪義，但在《老子》此文來看，是異於正之外的謀略之術，故「奇」當從《說文》之義：「異也。」《史記・田單列傳》云：「兵以正合，以奇勝。」從《老子》之道來看，兵是不得已而用之，是奇正相連，陰陽互補的。如嚴遵《指歸》所說：「若夫小國迫於大國之間，遭無道之君，以正事之不可則去之（去，远离），去之不可則割地而予之，予之不可則率眾而避之，避之不可則杖策而遁之，遁之不可則患及萬民，禍將及我，故奮計而圖之：是爭之所為起而兵之所為生也。……下悲萬民之命，上畏天地之心：是權之所為動也，而奇之所為運也。……百姓應我若響，鄰國隨我若影，飛鳥走獸與我俱往：是計之所為用，而奇之所為行也。」故字當從「奇」。

　　　肰（楚簡本）──然（帛書乙、漢簡本、王弼本）
　　　弋（帛書甲）──才（帛書乙）──哉（王弼本）
　　楚簡本：虗可以智亓肰也？（30）

　　帛書甲：吾何〔以知其然〕也戈？（40-41）

　　帛書乙：吾何以知其然也才？（19上）

　　漢簡本：吾何以智其然也？（54）

　　王弼本：吾何以知其然哉？以此（12-286）

　　哉爲精母之部字，才爲從母之部字，聲母皆爲舌尖前音。音通可借。

　　《爾雅·釋詁》：「哉，始也。」疏：「哉者，古文作才。《說文》云：『才，草木之初也。』以聲近，借爲哉始之哉。」《書·伊訓》：「朕哉自亳。」又《康誥》：「惟三月哉生魄。」孔傳：「周公攝政七年三月始生魄，月十六日明消而魄生。」王筠《句讀》：「夏侯湛《兄弟誥》『惟正月才生魄』，《尙書》作『哉』，因亦借爲語詞。《書》『往哉汝諧』，《張平子碑》『哉』作『才』；《列子》『遊於四方而不歸者何人哉』，殷敬順本『哉』作『才』。」從「始」義這個意義上來說，「哉」當爲「才」之假借字；但從語詞這個意義上看，「哉」當爲本字。《說文·口部》：「哉，言之閒也。從口戈聲。」《說文·戈部》：「戈，傷也。從戈才聲。」才、戈皆爲戈之形省。桂馥《義證》：「言之閒，即辭助。」《玉篇·口部》：「哉，語助。」《書·堯典》：「僉曰：於，鯀哉。」故「才」、「戈」爲「哉」之借。

　　《說文·火部》：「然，燒也。從火肰聲。𤈦，或從艸難。」《玉篇·火部》：「然，如是也。」《詩·大雅·皇矣》：「帝謂文王，無然畔援，無然歆羨！」鄭玄箋：「無如是跋扈……無如是貪羨。」《說文·肉部》：「肰，犬肉也。從犬肉。讀若然。𦟔，古文肰。脙，亦古文肰。」《玉篇·肉部》：「肰，然字如此。」《正字通·肉部》：「肰，《正僞》借爲語助。俗用然。」然、肰皆爲日母元部，音通可借，從俗、從義當作「然」。

　　俞樾云：「自『以正治國』至此數句，當屬上章。如二十一章曰：『吾何以知眾甫之然哉？以此。』五十四章曰：『吾何以知天下之然哉？以此。』並用『以此』二字爲章末結句，是其例矣。下文『天下多忌諱而民彌貧』，乃別爲一章，今誤合之。」今天我們從楚簡和帛書來看，俞樾是極有見地的。但從另一面來看，如果前後本應爲一章的話，就不應該有「以此」二字。而楚簡本、帛書本和漢簡本正好沒有「以此」二字，說明當爲一章；而且緊接著是以「夫」字發語詞開頭，回答上面的疑問，有承上啓下的作用。通行本無「夫」字，說明前「以此」已衍，此「夫」字又奪，語氣幡然乖謬。故當從楚簡本、帛書本和漢簡本。

具（楚簡本）──忌（帛書乙、漢簡本、王弼本）

韋（楚簡本）──諱（帛書乙、漢簡本、王弼本）

爾（楚簡本）──彌（帛書甲乙、漢簡本）──彌（王弼本）

畔（楚簡本）──貧（帛書甲乙、漢簡本、王弼本）

楚簡本：夫天多**具韋**而民**爾畔**。（30）

帛書甲：夫天下〔多忌〕**諱**而民**彌**貧。（41）

帛書乙：夫天下多忌**諱**而民**彌**貧。（19 上）

漢簡本：夫天多忌**諱**而民**彌**貧。（54-55）

王弼本：天下多忌**諱**而民**彌**貧。（12-286）

具，《郭店楚墓竹簡》釋文作「期」，讀作「忌」。

《說文・月部》：「期，會也。从月其聲。朞，古文期从日丌。」「朞」與「**具**」為異體字，（與「甚」之古文一樣，楚系文字皆上下顛倒），故「**具**」當作「期」。楚系文字中，**具**亦作「期」〔註1〕。《汗簡　古文四聲韻》引《古尚書》「期」從丌從月〔註2〕，此與**具**從丌從日同。期、忌皆為群母之部字，古音同可借。如《戰國策・齊策一》之「田忌」，《竹書紀年》寫作「田期」，即其證。《說文・心部》：「忌，憎惡也。从心己聲。」本文忌諱連用，當為禁忌之義，《周禮・春官・小史》：「詔王之忌諱。」孔穎達疏：「謂告王以先王之忌諱也。」《廣韻・志韻》：「忌，止也。」《易・夬》：「君子以施祿及下，居德則忌。」王弼注：「忌，止也。」孔穎達疏：「忌，禁也。」《淮南子・天文》：「虹霓彗星者，天之忌也。」

具乃「忌」之假借字。

韋屬匣母微部字，諱屬曉母微部字，聲母皆為舌面後音，且「諱」從韋得聲，故音同可借。《說文・韋部》：「韋，相背也。从舛口聲。獸皮之韋，可以束枉戾相韋背，故借以為皮韋。凡韋之屬皆从韋。𡊆，古文韋。」

《說文・言部》：「諱，誋也。从言韋聲。」《廣雅・釋詁三》：「諱，避也。」《玉篇・言部》：「諱，隱也。」《春秋序》：「隱諱以辟患。」《公羊傳・閔公元年》：「春秋為尊者諱，為親者諱，為賢者諱。」《戰國策・秦策一》：「罰不

〔註1〕 滕壬生：《楚系簡帛文字編》，武漢：湖北教育出版社，2008 年 10 月，第 659 頁。

〔註2〕 《汗簡　古文四聲韻》，李零、劉新光整理，北京：中華書局，2010 年 7 月，第 20、70 頁。

諱強大。」高誘註：「諱，猶避也。」《史記·秦始皇本紀》：「秦俗多忌諱之禁。」

韋爲諱之借。

爾爲日母脂部字，彌爲明母脂部字，《集韻·薺韻》：「瀰，《說文》：『滿也』；一曰瀰瀰，眾也。或省（作爾）。」瀰爲明母脂部。日母和明母互諧也見於帛書，如菜與茅，日母的擬音很複雜，與各地的方音有密切的關係，也許只有窮盡了方音的調查，才能更好地與古音聯繫對比起來分析，得出結論。爾、彌音通可借。

《詩·小雅·采薇》：「彼爾維何，維常之華。」毛傳：「爾、華，盛貌。」陸德明《經典釋文》：「爾，乃禮反。」《字彙·弓部》：「彌，弓張滿也。」《小爾雅·廣詁》：「彌，益也。」《廣韻·支韻》：「彌，益也。」《論語·子罕》：「仰之彌高，鑽之彌堅。」邢昺疏：「彌，益也。」「爾」乃「彌」之假借字。

傅奕本此字作「镾」，《說文·長部》：「镾，久長也。從長爾聲。」段玉裁注：「镾，今作彌，蓋用《弓部》之『彊』代『镾』而又省『王』也。『彌』行而『镾』廢矣。」《集韻·支韻》：「镾，《說文》：『久長也。』通作彌。」彊、镾當爲古今字。《說文·弓部》：「彊，弛弓也。從弓璽聲。」彊亦爲明母脂部字。《說文·土部》：「璽，王者印也。所以主土。從土爾聲。璽，籀文從玉。」王本古文玉字，從玉與從王同。彊，《類篇》作彊，居延簡甲一八〇三正從「土」，字作「彊」。朱駿聲《說文通訓定聲·履部》：「彊，馳弓也。字亦作彌。」故璽、彊、彊、彌爲異體字。字當從「彌」。

畔爲並母元部；貧爲並母文部，「文」、「元」旁轉，音通可借。《說文·貝部》：「貧，財分少也。從貝從分，分亦聲。㲃，古文從宀分。」《廣韻·真韻》：「貧，乏也，少也。」貧當作「困」解。忌諱乃禁忌規矩、繁文縟節之類，非律法也。禁忌忌諱多，使人民無所適從而產生困惑和困窘。「貧」義當從更廣泛的意義上去理解，貧，不僅指生活物質上的，還指精神意識上的貧乏和困窘困惑。禁忌多，束縛了人們的手腳，因而產生貧，從道家修煉的角度看，亦指身心上的窮困。《慎子·外篇》：「奢者心常貧，儉者心常富。」而法令多並不會產生畔，現代社會中律法條令細則空前的繁雜，並沒有因此而產生叛亂，故法不是畔的因。《說文·田部》：「畔，田界也。從田半聲。」畔有昏亂的意思，與困惑義同，《漢書·敍傳上》：「畔回冗其若茲兮，北叟頗識

其倚伏。」顏師古注：「畔，亂貌也。」有違背之義，《論語・雍也》：「君子博學於文，約之以禮，亦可以弗畔矣夫！」何晏注引鄭曰：「弗畔，不違道。」貧則困，困則亂，亂則違。

　　文中「夫」引領下的四個相對的句子，皆是嚴密的因果邏輯關係。故「畔」當為「貧」之假借字。

　　又楚簡本僅有「天」一字，帛書本和通行本作「天下」。多釋作「人主」、「人君」，人君忌諱與民貧、畔實無直接的關係，人多以己意而牽強附會之。天下當指整個社會而言，整個社會禁忌規矩等有為法愈多，民亦困窘而無所適從。也不僅僅指天象。故楚簡本、漢簡本奪「下」。

　　　絲（楚簡本）──茲（帛書甲）──茲（漢簡本）──滋（王弼本）
　　　邦（楚簡本、帛書甲）──固（漢簡本）──國（王弼本）
　　　昏（楚簡本、漢簡本）──昬（帛書甲乙、王弼本）
　　楚簡本：民多利器而邦絲昏。（甲 30）
　　帛書甲：民多利器而邦家茲昬。（41）
　　帛書乙：民多利器〔而〕國〔家〕茲昬。（19 上-19 下）
　　漢簡本：民多利器而固家茲昏。（55）
　　王弼本：民多利器，國家滋昬。（12-286）

　　絲當為「慈」省形，屬從母之部字；茲、茲、滋皆為精母之部字。絲、茲、滋、絲（心母）聲母皆為舌尖前音，故音通可借。《說文・艸部》：「茲，艸木多益。從艸，茲（絲）省聲。」徐鍇《繫傳》：「此草木之茲盛也。」《內經・素問・五藏生成論》：「五藏之氣，故見青如草茲者死。」王冰注：「茲，滋也，言汝草初生之青色也。」《說文・水部》：「滋，益也。」《左傳・襄公八年》：「謀之多族，民之多違，事滋無成。」滋有更加、愈益之義。故本文字當從「滋」。

　　《說文・口部》：「固，四塞也。從口古聲。」《周禮・夏官・敘官》：「掌固。」鄭玄注：「國所依阻者也。國曰固，野曰險。」《論語・季世》：「今夫顓臾，固而近於費。」何晏集解引馬融曰：「固謂城郭完堅，兵甲利也。」《說文・口部》：「國，邦也。從口從或。」《說文・邑部》：「邦，國也。從邑丰聲。

峕，古文。」邦、國互訓，固與國也有意義相同之處。固爲見母魚部，國爲見母職部，魚、職旁對轉，固、國音通可借。固爲國之借。

《說文・日部》：「昏，日冥也。从日氐省。氐者，下也。一曰民聲。」從民聲，即爲「昬」字。《玉篇・日部》：「昬，同昏。」段玉裁《說文》注：「字從氐省爲會意，絕非從民聲爲形聲也。蓋隷書淆亂，乃有從民作昬者。」既爲淆亂，則當爲誤寫，綿延而誤，以誤爲實矣。郭沫若《殷契粹編考釋》：「殷人昏字實不從民，足證段氏之卓識而解決千載下之疑案矣。」先秦典籍中「昬」也確實作「昏」義，昬無它意。如《詩・陳風・東門之楊》：「昏以爲期，明星煌煌。」《左傳・僖公二十七年》：「楚始得曹，而新昏于衛。」又《昭公十九年》：「鄭國不天，寡君二三臣，札瘥夭昏，今又喪我先大夫偃。」孔穎達疏：「子生三月父名之，未名之曰昏，謂未三月而死也。」以上「昬」皆當寫作「昏」。故本文字當作「昏」。

智（楚簡本）──知（帛書甲）──智（漢簡本）──伎巧（王弼本）
哦（楚簡本）──何（帛書甲）──苛（漢簡本）──奇（王弼本）
记（楚簡本）──起（漢簡本、王弼本）
楚簡本：人多智天哦勿總记。（甲 30-31）
帛書甲：人多知而何勿**茲起**。（41）
帛書乙：人多知而奇物茲起。（19 下）
漢簡本：人多智而苛物茲起。（55）
王弼本：人多伎巧，奇物滋起。（12-286）

《集韻・支韻》：「知，古作咶。」《說文》：「知，詞也。从口从矢。」徐鍇《繫傳》：「知理之速，如矢之疾也，會意。」段玉裁《說文解字注》：「『詞也』之上當有『識』字。」《玉篇・矢部》：「知，識也。」《集韻・寘韻》：「智，或作知。」清徐灝《說文解字注箋・矢部》：「知，智慧，即知識之引申，故古智作知。」《論語・里仁》：「里仁爲美。擇不處仁，焉得知？」陸德明《經典釋文》：「知，音智。」《易・蹇》：「見險而能止，知矣哉！」

《說文》：「䢓（智），識詞也。从白，从亏，从知。」徐鍇《繫傳》：「知者必有言，故文白知爲䢓。白者，詞之氣也。亏亦氣也，知不窮，氣亦不窮也。」段玉裁注：「從知會意，知亦聲。」徐灝注箋：「知、䢓本一字，䢓隷

省作智。」故䛁從于（亏）從曰從知省聲。《釋名・釋言語》：「智，知也，無所不知也。」《孟子・公孫丑上》：「是非之心，智之端也。」智與知通，《墨子・耕柱》：「豈能智書百歲之後哉？」《經說下》：「逃臣不智其處，狗犬不智其名也。」知與智通，《集韻・寘韻》：「智，或作知。」《禮記・中庸》：「好學近乎知，力行近乎壬，知恥近乎勇。知斯三者，則知所以脩身。」智、知皆爲端母支部字，音義皆通可互用。

王弼本「伎巧」，傅奕本作「知慧」、范應元本作「知惠」，其他本或作「知巧」、「利巧」、「技巧」、「智慧」等，皆爲二字，而帛書甲本、楚簡本、漢簡本三古本單字作「知」或「智」，因有此三古本皆爲一字，故不能認爲此二本奪「巧」字，其義也並不影響對《老子》文義的理解，與通行本義一致。嚴遵《指歸》：「藏奇損智，忠信爲務；清淨簡易，退事止言。」王弼注：「民多智慧，則巧僞生；巧僞生，則邪事起。」可知，其意爲「智」。河上公注：「『多知伎巧』，謂刻畫宮觀，彫琢服章，奇物滋起，下則化上，飾金鏤玉，文繡綵色，日以滋甚。」

《正字通・戈部》：「哦，戓字之僞。」《廣雅・釋宮》：「戓，杙也。」爲見母歌部字。哦、何、苛、奇皆從「可」得聲；可爲溪母歌部，何、苛爲匣母歌部，奇爲群母歌部，聲母皆爲舌面後音。故哦、何、苛、奇音通可借。奇，本章上文也作䧢。《說文・可部》：「奇，異也。一曰不耦。从大从可。」《莊子・北遊篇》：「萬物一也。臭腐化爲神奇，神奇復化爲臭腐。」《周禮・天官・閽人》：「奇服怪民不入宮。」鄭玄注：「奇服，衣非常。」字當作「奇」。

傅奕本作：「民多智慧，而衺事滋起。」衺（邪）爲邪母魚部字，《說文・衣部》：「衺，㒸也。从衣牙聲。」段玉裁注：「今字作邪。」《周禮・天官・宮正》：「去其淫怠與其奇衺之民。」陸德明《經典釋文》：「衺，亦作邪。似嗟反。」賈公彥疏：「衺，猶惡也。奇衺，衺惡，義亦相近。」奇、衺、惡同用，義通可互用。

《玉篇》：「辷，古文起字。」辷從「辶」，與從「走」同，《說文・走部》：「起，能立也。从走巳聲。䢁，古文起从辵。」《玉篇・走部》：「起，興也。」《廣韻・止韻》：「起，興也，作也。」《康熙字典》：「《六書正譌》：辵，从彳、从止，會意。隸作辶。有與足、㢟、彳三部相通者。」走、辵、辶義同，皆可做字旁（走之旁），故䢁、辷、起爲一字之異體。

灋（楚簡本、漢簡本）──法（帛書甲、王弼本）

勿（楚簡本）──物（帛書甲乙、漢簡本）──令（王弼本）

章（楚簡本、帛書乙）──彰（帛書甲、漢簡本、王弼本）

楚簡本：灋勿怒章。（甲 31）

帛書甲：〔法物滋彰〕。（41）

帛書乙：〔法〕物茲章。（19 下）

漢簡本：灋物茲章。（55）

王弼本：法令滋彰。（12-286）

《說文·廌部》：「灋，刑也。平之如水，从水；廌，所以觸不直者；去之，从去。法，今文省。佺，古文。」《玉篇·水部》：「法，法令也。灋，古文。」又《廌部》：「灋，則也。今作法。」《周禮·天官·大宰》：「以八灋治官府。」陸德明《經典釋文》：「灋，古法字。」故灋、法為古今字。

「法」有標準、模式之義。《易·繫辭上》：「制而用之謂之法。」孔穎達疏：「言聖人裁制其物而施用之，垂為模範，故云『謂之法』。」既然是標準的模範之物，當不是一般的粗鄙之物，故有「好物」之意。古有「法駕」一詞，是對天子御用車駕的專稱，《史記·呂太后本紀》：「迺奉天子法駕，迎代王於邸。」裴駰《集解》引蔡邕曰：「天子有大駕、小駕、法駕。法駕上所乘曰金銀車，駕六馬，有五時副車，皆駕四馬，侍中參乘，屬車三十六乘。」故法物有尊貴、珍貴之義。河上公注云：「法物，好物也。珍好之物滋生彰著，則農事廢，飢寒並生，故盜賊多有也。」這種解釋太過於狹窄，法物當指能引起人爭奪之物。所謂大盜竊國，小盜偷物，皆因其難得而珍貴也。蔣錫昌云：「『令』字景龍、河上本皆作『物』，以《老》校《老》，當從之。三章『不貴難得之貨，使民不為盜』，十九章『絕巧棄利，盜賊無有』，五十三章『財貨有餘，是謂盜夸』，皆以貨物與盜賊連言，均其例證。……強本成疏：『法物猶法令。』又榮注：『珍好之物為法物也。』是成、榮並作『法物。』《淮南子·道原篇》、《史記·酷吏列傳》、《後漢書·東夷傳論》引並同此。」〔註3〕楚簡本、帛書本和漢簡本皆作「物（勿）」，故當從之。「令」或涉上「法」而偽。

勿、物皆為明母物部字，音同可借，勿為物之借。

〔註 3〕 蔣錫昌：《老子校詁》，商務印書館，1937 年，第 353 頁。

　　《說文·音部》：「章，樂竟爲一章。从音从十。十，數之終也。」章亦有顯露、顯著之義。《書·洪範》：「俊民用章。」《易·姤·彖》：「天地相遇，品物咸章也。」《說文·彡部》：「彰，文彰也。从彡从章，章亦聲。」徐鍇《繫傳》：「彰，文章也……飾也。」故彰有彰顯，表露之義，《洪武正韻·陽韻》：「彰，著明之也。」《書·伊訓》：「嘉言孔彰。」又《皋陶謨》：「彰厥有常。」此章文義爲珍貴之物到處宣揚、顯露，則會引來盜賊競爭之。彰、章皆爲章母陽部。

　　故彰、章音義皆同，可通用。（亦見第 22 章說解）

　　覜（楚簡本）──盜（帛書甲乙、漢簡本、王弼本）

　　愬（楚簡本）──賊（帛書甲乙、漢簡本、王弼本）

　　楚簡本：覜愬多又。（甲 31）

　　帛書甲：〔而〕盜賊〔多有〕。（42）

　　帛書乙：而盜賊多又。（19 下）

　　漢簡本：而盜賊多有。（55）

　　王弼本：盜賊多有。（12-286）

　　覜，即「覜」字之異體，覜爲透母宵部字，盜爲定母宵部字，聲母皆爲舌尖中音，故音通可借。《說文·次部》：「盜，私利物也。从次，次欲皿者。」《正字通·皿部》：「盜，凡陰私自利者借謂之盜。」《易·說卦》：「坎爲盜。」孔穎達疏：「取水行潛，竊如盜賊也。」《左傳·文公十八年》：「竊賄爲盜，盜器爲姦。」孔穎達疏：「竊人財賄謂之盜。」《說文·見部》：「覜，諸矦三年大相聘曰覜。覜，視也。从見兆聲。」覜爲盜之借。

　　愬，从貝從心，或爲惻之古文「恖」之省聲。惻、賊皆從則得聲，惻爲初母職部字，賊爲從母職部字，則爲精母職部字，「照二歸精」，故三字聲母皆爲舌尖前音（齒頭音）。《說文·戈部》：「賊，敗也。从戈則聲。」故愬、賊音通可借。《玉篇·戈部》：「賊，盜也。」又「傷害人也。」《詩·大雅·抑》：「不僭不賊，鮮不爲則。」《說文·心部》：「惻，痛也。从心則聲。」《易·井卦》：「井渫不食，爲我心惻。」孔穎達疏：「使我心中惻愴。」故賊爲本字。

畐（楚簡本）——富（帛書乙、漢簡本、王弼本）

蠱（楚簡本）——化（帛書甲乙、漢簡本、王弼本）

青（楚簡本）——靜（帛書甲乙、漢簡本、王弼本）

楚簡本：我無事而民自畐，我無爲而民自蠱，我好青而民自正。（甲31-32）

帛書甲：我无爲也而民自化，我好靜而民自正，我无事民〔自富〕。（42）

帛書乙：我无爲而民自化，我好靜而民自正，我无事而民自富。（19下-20上）

漢簡本：我無爲而民自化，我無事民自富；我好靜而民自正。（56）

王弼本：我無爲而民自化，我好靜而民自正，我無事而民自富。（12-286）

畐，帛書本和通行本皆作「富」。畐，從示從富，疑有「福」和「富」雙重意義，或爲「福」之異體，有保佑、降幅之義，此義從「示」而來。富與福亦通，朱駿聲《說文通訓定聲・頤部》：「富，叚借爲福。」《詩・大雅・瞻卬》：「何神不富？」毛傳：「富，福。」鄭玄箋：「神何以不福王而有災害也？」《墨子・尚賢》：「是故上者天鬼富之。」富作福在本文中亦講得通，或更爲恰當，因無事而得來的無形之福比有形之富更符合邏輯。《說文・宀部》：「富，備也。一曰厚也。從宀畐聲。」《易・繫辭上》：「富有之謂大業。」韓康伯注：「廣大悉備故曰富有。」《莊子・天地》：「有萬不同之謂富。」《說文・示部》：「福，祐也。從示畐聲。」《禮記・祭統》：「福者，備也。備者，百順之名也，無所不順者謂之備。」福、富皆爲幫母職部字，音義皆通可互用。從眾本來看，當從「富」。

《說文・匕部》：「化，教行也。從匕從人，匕亦聲。」朱芳圃《殷周文字釋叢》：「化象人一正一倒之形，即今俗所謂翻跟頭。《國語・晉語》：『勝敗若化。』韋注：『化，言轉化無常也。』《荀子・正名》：『狀變而實無別而爲異者謂之化。』楊注：『化者改舊形之名。』皆其引申之義也。」「爲」之古文是相對之形，《說文・爪部》：「爲，母猴也。其爲禽好爪。爪，母猴象也。下腹爲母猴形。王育曰：『爪，象形也。』𦥑，古文爲象兩母猴相對形。」羅振玉《增訂殷墟書契考釋》：「案：（爲）從爪，從象，絕不見母猴之狀，卜辭作手牽象形……意古者役象以助勞，其事或尚在服牛乘馬以前。」所謂牽象之形，也是在馴象、馴獸，從自然的狀態到人爲的狀態，其實也是一種「化」。

「爲」與「化」都是爲了使爲的對象和自身求變、得變，其古義相同。蠹從二蟲，爲聲，亦有化生之義，《周禮・春官・大宗伯》：「合天地之化。」鄭玄註：「能生非類曰化。」賈公顏疏：「鳩化爲鷹之類。皆身在而心化。若鼠化爲駕，雀化爲蛤蜃之等，皆據身亦化，故云能生非類。」這種化過於神秘，常見的是蟲化蝶之類。《書・梓材》：「厥亂爲民。」「爲」即化，教化之意，《論衡・效力》引「爲」作「化」，即其證。通行本《老子》第 37 章有「萬物將自化，化而欲作」即《語叢一》簡 68 有「察天道以化民炁」，其中的「化」皆作悉，從「心」，即上化生說的「心化」，身在而心化；從「蟲」，即上所說身心皆化。爲屬匣母歌部字，化屬曉母歌部字，聲母皆爲喉音，音通可借，當從「化」。

　　帛書甲「好靜」之「好」字「女」、「子」左右顛倒，古文有如此者也。

　　青屬清母耕部字，靜屬從母耕部字，聲母皆爲舌尖前音，故音通可借。《廣韻・靜韻》：「靜，安也。」《詩・邶風・柏舟》：「靜言思之，寤辟有摽。」毛傳：「靜，安也。」孔穎達疏：「安靜而思念之。」《玉篇・青部》：「靜，息也。」《增韻・靜韻》：「靜，無爲也。」《韓詩外傳》：「樹欲靜而風不止。」《說文・青部》：「青，東方色也。木生火，从生丹。丹青之信言象然。」青爲靜之借。

谷不谷（楚簡本）——欲不欲（帛書乙、漢簡本）——無欲（王弼本）
楚簡本：我谷不谷而民自業。（甲 32）
帛書乙（20 上）、漢簡本（56-57）：我欲不欲而民自樸。
王弼本：我無欲而民自樸。（12-286）
　　谷爲見母屋部；欲爲餘母（喻四）屋部，見組和章組的互諧，不僅有諧聲字的例子、出土文獻的證明，也有湘、閩方音的讀音證明。聲近韻同。谷，又可讀作 yu（四聲），如「吐谷渾」。欲從古得聲，故谷、欲音通可借。

　　「欲不欲」和「無欲」有差別。嚴遵《指歸》云：「人主誠能欲不欲之欲，則天下心虛志平，大身細物，動而反正，靜而歸足，不拘不制，萬民自樸。」王弼注：「上之所欲，民從之速也。我之所欲唯無欲，而民亦無欲而自樸也。」皆以「欲不欲」作解，故當從楚簡本、帛書本和漢簡本。

　　本章整理：以正治國，以奇用兵，以无事取天下。吾何以知其然也哉？夫天下多忌諱，而民彌貧；民多利器，而邦家滋昏；人多伎巧，而奇物滋起；法物滋彰，而盜賊多有。是以聖人之言曰：我无爲而民自化，我好靜而民自正，我无事而民自富，我欲不欲而民自樸。

第五十八章　順　化

正（帛書乙、漢簡本）──政（王弼本）

閛（帛書乙）──昏（漢簡本）──悶（王弼本）

屯（帛書乙）──菩（漢簡本）──淳（王弼本）

帛書乙：其正閛閛，其民屯屯。（20上）

漢簡本：其正昏昏，其民菩菩。（58）

王弼本：其政悶悶，其民淳淳。（12-286）

　　正、政皆為章母耕部字，音同可借。《說文・攴部》：「政，正也。從攴從正，正亦聲。」《釋名・釋言語》：「政，正也，下所取正也。」《管子・法法》：「政者，正也。正也者，所以正定萬物之命也。」《周禮・天官・大宰》：「建邦之六典，四曰政典，以平邦國，以正百官，以均萬民。」《左傳・桓公二年》：「政以正民。」故「政」之本義即為「正」。其他引伸義或正、政通用。《書・立政》：「周公作立政。」王引之《經義述聞》：「政與正同。正，長也。立正，謂建立長官也。」《孟子・梁惠王下》：「臣聞七十里為政於天下者，湯是也。」俞樾《評議》：「政與正古通用……為正於天下者，為長於天下也。」朱駿聲《說文通訓定聲・鼎部》：「正，叚借為政……《微子》：『亂正四方。』《史記》作『政』。《書大傳》『諸侯之有不率正者』注：正，政也。《漢書・陸賈傳》：「夫秦失其正，諸侯豪桀並起。」顏師古注：「正，亦政也。」

　　閛，帛書整理小組注：「從糸，門聲，疑即紊之異體，嚴遵、傅奕、范應元本作『閔』，通行本作『悶』。」閛若讀為「紊」，與悶、閔皆屬明母文部字。紊為「亂」意，與此文所表達之意並不相符，與《老子》第20章「悶」所對

應的帛書乙本「閩」、傅奕、范應元本「閔」一樣，皆屬明母文部字，與「悶」音同可借，為「悶」之假借字。另：閴，《道藏》從系，門聲，亦為明母文部字，《字彙補‧門部》：「閴，門也。」音「契」（溪母月部）。《說文‧日部》：「昏，日冥也。从日氐省。氐者，下也。一曰民聲。」昏為曉母文部字，上古曉母與明母大量互諧。若為「民聲」，則為明母真部字，文、真旁轉，與悶音通可借，昏為悶之借。《說文‧心部》：「悶，懣也。从心門聲。」《易‧乾》：「遯世無悶，不見是而無悶。」《集韻‧魂韻》：「悶，悶然，不覺皃。」《莊子‧德充符》：「悶然而後應，氾而若辭。」陸德明《經典釋文》：「悶然，李（頤）云：『不覺皃。』」不覺與下文的「察」義相對。

屯屬定母文部，萅屬昌母文部，淳屬禪母諄部，上古聲母皆為舌面前音（即舌頭音），故音通可借。傅奕本作「偆」，為昌母文部字。《古文四聲韻》引《古老子》和《王庶子碑》之「淳」從「屯」聲（第77頁）。《說文‧屮部》：「屯，難也。象艸木之初生。屯然而難。从屮貫一。一，地也。尾曲。《易》曰：『屯，剛柔始交而難生。』」初始之物，皆保留有淳樸、篤厚之質。《玉篇‧屮部》：「屯，厚也。」《國語‧晉語四》：「文武具，厚之至也，故曰屯。」韋昭注：「屯，厚也。」董仲舒《春秋繁露‧五行相生》：「（孔子）為魯司寇，斷獄屯屯，與眾共之，不敢自專。」屯屯，即謹慎篤實之義。又桓寬《鹽鐵論‧國疾》：「文景之際，建元之始，民樸而歸本，吏廉而自重，殷殷屯屯，人衍而家富。」屯屯，也為質樸厚實之義。淳也有敦厚、質樸之義，《廣韻‧諄韻》：「淳，樸也。」《集韻‧諄韻》：「淳，質也。」《淮南子‧齊俗》：「澆天下之淳（淳），析天下之樸。」高誘注：「淳，厚也。」《說文‧艸部》：「萅，推也。从艸从日，艸春時生也；屯聲。」萅，同「春」，《集韻‧諄韻》：「萅，隸作春。」段玉裁《說文解字注》：「日、艸、屯者，得時艸生也。屯字象艸木之初生。會意兼形聲。」萅為淳之借。

屯與淳音義同，故可通用。後多用「淳」字，如淳樸、淳厚等，故當從通行本作「淳」。

　　察（帛書甲乙、王弼本）──計（漢簡本）
　　邦（帛書甲）──國（漢簡本）──民（王弼本）
　　夬（帛書甲）──計（漢簡本）──缺（王弼本）

帛書甲：亓正察察，亓邦夬夬。（43）
帛書乙：亓正察察，亓〔國缺缺〕。（20上-20下）
漢簡本：其正計計，其國夬夬。（58）
王弼本：其政察察，其民缺缺。（12-286）

帛書甲本作「邦」，漢簡本作「國」，然前句以正（政）、民對舉，它本皆如此，故從「民」。《書‧五子之歌》：「民惟邦本，本固邦寧。」《書‧咸有一德》：「后非民罔使，民非后罔治。」《禮記‧緇衣》：「民以君爲心，君以民爲體。」《孟子‧盡心下》：「民爲貴，社稷次之，君爲輕。」邦、國、民其意可通。

察爲初母月部，計爲見母質部，見組與精組有互諧的例子，質、月旁轉。《說文‧言部》：「計，會也。筭也。从言从十。」段玉裁注：「會，合也。」又「筭，當作算，數也。」《周禮‧天官‧小宰》：「以六計弊羣吏之治。」鄭玄注：「弊，斷也。」孔穎達疏：「六計，謂善、能、敬、正、法、辨，皆以廉爲本，計其功過多少而聽斷之也。」引申爲計謀、謀劃、計劃之義，《廣韻‧霽韻》：「計，籌計。」《篇海類編‧人事類‧言部》：「計，謀謨也。」《管子‧權修》：「一年之計，莫如樹穀；十年之計，莫如樹木；終身之計，莫如樹人。」《韓非子‧外儲說右上》：「請歸與媼計之。」《韓非子‧存韓》：「計者，所以定事也，不可不察也。」此處「計」、「察」互文，其義可通。《孫臏兵法‧威王問》：「料敵計險，必察遠近……將之道也。」其中的「計」即有預計、預察、考察之義。

《說文‧宀部》：「察，覆也。从宀、祭。」徐鍇《繫傳》：「察，覆審也。从宀、祭聲。」段玉裁注：「从宀者，取覆而審之，从祭爲聲，亦取祭必詳察之意。」《爾雅‧釋詁下》：「察，審也。」《左傳‧莊公十年》：「小大之獄，雖不能察，必以情。」杜預注：「察，審也。」《廣韻‧黠韻》：「察，監察也。」《正字通‧宀部》：「察，考也。」《論語‧衛靈公》：「眾惡之，必察焉；眾好之，必察焉。」再引申爲辨別之義，《新語‧道基》：「嘗百草之實，察酸苦之味。」《禮記‧禮器》：「無節於內者，觀物弗之察矣。」孔穎達疏：「察，猶分辨也。」《淮南子‧說林》：「秋毫之末，視之可察。」高誘注：「察，別。」斤斤計較、錙銖必較和秋毫之察，雖有褒貶意義的區別，但在詳細地辨別審視之義上是相通的。

夬爲見母月部，缺爲溪母月部，聲母皆舌面後音（即古牙音），音通可借。

　　《說文‧又部》:「夬,分決也。」《易‧夬》:「夬,揚於王庭。」王弼注:「夬者,明法決斷之象也。」因對事物的過於精細而有果敢決斷之義,與「昭昭」、「察察」義類,與昏悶之義反。王弼注 20 章「察察」云:「分別別析也。」釋德清云:「察察,即俗謂分星擘兩,絲毫不饒人之意。」因分決而斤斤計較,故有疏薄;有疏薄,故引起人之間的猜忌和詐偽。夬與缺通,為空缺義。《睡虎地秦墓竹簡‧秦律十八種‧置吏律》:「其有死,亡及故有夬者,為補之,毋須待。」「缺」為器破之意,《說文‧缶部》:「缺,器破也。從缶,決省聲。」徐灝《注箋》:「《六書故》引唐本『夬聲』。」引申為虧損、殘破、缺陷、玷污之義。孤獨及《唐故尚書庫部郎中榮陽鄭公墓誌銘》:「眾人缺缺,鄭公見樸;眾人昭昭,鄭公若濁。」缺與完整的樸素之質相反。從完整的器物之破引申為人性的殘缺和玷污,《書‧君牙》:「啓佑我後人,咸以正,罔缺。」即不要走向邪途。「缺」即有偏離之義,偏離正道則詐偽生成,都是由於分別之心引起,故《老子》提倡混同。王弼注云:「言善治政者,無形,無名,無事,無政可舉,悶悶然,卒至於大治。故曰『其政悶悶』也。其民無所爭競,寬大淳淳,故曰『其民淳淳』也。立刑名,明賞罰,以檢姦偽,故曰『其政察察』也。殊類分析,民懷爭競,故曰『其民缺缺』。」有爭競則詐偽生。故當從常用字「缺」。

　　　　戲(帛書甲)——禍(漢簡本、王弼本)
　　帛書甲:戲,福之所倚;福,禍之所伏。(43)
　　帛書乙:禍,福之所〖倚;福,禍之所〗伏。(20 下)
　　漢簡本:福,禍之所倚;禍,福之所伏。(58)
　　王弼本:禍兮,福之所倚,福兮,禍之所伏。(12-286)
　　漢簡本的語句順序與帛書本和王弼本相反,「倚」、「伏」二字缺能夠對應。福為幫母職部入聲,伏為並母職部入聲;禍為匣母歌部上聲,倚為影母歌部上聲。從聲韻的和諧上看,當從帛書本、王弼本。帛書乙本作「禍,福之所伏。」因抄寫看漏了中間的「倚;福,禍之所」五字。復旦整理組或以為與漢簡本同順序。

　　《戰國策‧齊策六》:「國弊既多,民心無所歸。」《漢書‧五行志》:「數其既福。」顏師古註:「既,古禍字。」戲當為「既」之繁寫。戲、禍為古今字。(亦見第 46 章)

笑（漢簡本）──妖（王弼本）

帛書乙：亓无正也，正復爲奇，善復爲〔妖〕。（20 下）

漢簡本：其無正，正復爲倚，善復爲笑。（59）

王弼本：其無正，正復爲奇，善復爲妖。（12-286）

　　漢簡本的笑爲「芺」，艸與竹通。段玉裁《說文解字注‧竹部》：「笑，徐鼎臣說：『孫愐《唐韻》引《說文》云：喜也。从竹从犬。而不述其義。』攷孫愐《唐韻序》云：『仍篆隸石經勒存正體，幸不譏煩。』蓋《唐韻》每字皆勒《說文》篆體。此字之从竹从犬，孫親見其然，是以唐人無不从犬作者。《干祿字書》云：『咲，通；笑，正。』《五經文字》力尊《說文》者也，亦作：『笑，喜也，从竹下犬。』《玉篇‧竹部》亦作笑，《廣韻》因《唐韻》之舊，亦作笑。……自唐玄度《九經字樣》始先『笑』後『笑』……《集韻》、《類篇》乃有『笑』無『笑』，宋以後經籍無『笑』矣。」《竹書紀年》卷上：「舜乃磐堵持衡而笑。」漢簡本皆作「芺」，與「笑」同。唐玄應《一切經音義》卷二引《字林》：「笑，喜也。」《增韻‧笑韻》：「笑，喜而解顏啓齒也。」《論語‧憲問》：「樂然後笑，人不厭其笑。」《左傳‧宣公十五年》：「地反物爲妖。」杜預注：「羣物失性。」《左傳‧莊公十四年》：「人棄常則妖興。」失性、反常則爲不善。

　　笑爲心母宵部，妖爲影母宵部，心母與影母可互諧，如瀟、淵。故笑、妖音通可借，笑爲妖之借。

忕（帛書乙）──廢（漢簡本）──迷（王弼本）

帛書乙：人之忕也，亓日固久矣。（20 下）

漢簡本：人之廢，其日固久矣。（59）

王弼本：人之迷，其日固久。（12-286）

　　《說文‧辵部》：「迷，或也。从辵米聲。」田英炤《二徐箋異》：「大徐本作『或也』，小徐作『惑也』。炤按：或、惑古今字，宜從大徐。」迷從辵，其本義當爲迷路，《左傳‧哀公二年》：「晉趙鞅納衛大子于戚，宵迷。陽虎曰：『右河而南，必至焉。』」後引申爲心之迷，即忕字，《說文》爲「惑」，即此意也，《爾雅‧釋言》：「迷，惑也。」《玉篇‧辵部》：「迷，惑也，亂也。」《詩‧小雅‧節南山》：「天子是毗，俾民不迷。」鄭玄箋：「言尹氏作大師之官，爲周之桎鎋持國政之平，維制四方，上輔天子，下教化天下，使天下無迷惑之憂。」忕、迷爲同義詞。

迷、米爲明母脂部，廢爲幫母月部，聲母皆爲唇音，脂、月旁對轉，音通可借。《說文・广部》：「廢，屋頓也。从广發聲。」段玉裁注：「頓之言鈍，謂屋鈍置無居之者也。引申凡鈍置皆曰廢。」廢爲迷之借。

朱謙之：「『正』讀爲『定』，言其無定也。《玉篇》：『正，長也，定也。』」〔註 1〕《詩・大雅・文王有聲》：「維龜正之，武王成之。」《周禮・天官・宰夫》：「歲終，則令羣吏正歲會。」鄭玄注：「正，猶定也。」孫詒讓正義：「《說文・正部》云：『正，是也。』事必是而後定，故引申之，定亦曰正。」此言世事禍福變化無常，沒有一個確定的標準。「正」亦爲標準之一，此文「正」字義正是如此，眾本皆作「正」，當從之。

兼（帛書乙）──廉（漢簡本、王弼本）
刺（帛書乙）──刖（漢簡本）──劌（王弼本）
帛書乙：兼而不刺。（21 上）
漢簡本：廉而不刖。（60）
王弼本：廉而不劌。（12-286）
《說文・廣部》：「廉，仄也。从广兼聲。」狹窄之意，引申爲棱角。《廣雅・釋言》：「廉，棱也。」《禮記・聘義》：「廉而不劌，義也。」孔穎達疏：「廉，棱也；劌，傷也。言玉體雖有廉棱而不傷割於物；人有義者亦能斷割而不傷物，故云義也。」廉屬來母談部字；兼屬見母談部字，見母與來母互諧，被認爲是上古複輔音存在的依據，聲近韻同，廉從兼得聲，故可假借。《守溫韻學殘卷》中，來、見同屬牙音，或有所據。「兼」乃「廉」之假借字。

《說文・刀部》：「刺，君殺大夫曰刺。刺，直傷也。从刀从束，束亦聲。」《爾雅・釋詁》：「刺，殺也。」《春秋・僖公二十八年》：「公子買戍衛，不卒戍刺之。」《公羊傳》：「刺之者何，殺之也。」《廣韻・昔韻》：「刺，穿也。」《孟子・梁惠王上》：「是何異於刺人而殺之。」劌與刺義同。《方言》卷三：「凡草木刺人，自關而東，或謂之劌；自關而西，謂之刺。」

復旦整理組釋作「剺」，從刀末聲。「剺」同「制」，《改併四聲篇海・刀部》引《餘文》：「剺，禁制也。又斷也。」《正字通・刀部》：「剺，制本字。」

《說文》:「制,裁也。」然從字形上看,「利」更像其形,《說文・刀部》:「利,銛也。從刀。和然後利,從和省。《易》曰:『利者,義之和也。』」《玉篇・刀部》:「利,剡也。」利,有銳利、鋒利之義,如上文孔穎達疏曰:「玉體雖有廉棱而不傷割於物;人有義者亦能斷割而不傷物。」此爲「利」的「義之和」,與「劌」義通。

《說文・刀部》:「劌,利傷也。從刀歲聲。」段玉裁注:「利傷者,以芒刃傷物。」《廣韻・祭韻》:「劌,傷也,割也。」《禮記・聘義》:「君子比德于玉,廉而不劌,義也。」《說文・刀部》:「刖,絕也。從刀月聲。」爲古代砍斷腳的刑罰,《玉篇・刀部》:「刖,斷足也。」《左傳・莊公十六年》:「殺公子閼,刖强鉏。」杜預注:「斷足爲刖。」刖屬疑母月部字,劌爲見母月部,聲母皆爲喉牙音,音義通可借。

刺、劌、刖義同,可互用。

紲(帛書乙)——肆(漢簡本、王弼本)
眺(帛書乙)——燿(漢簡本、王弼本)
帛書乙:直而不紲,光而不眺。(21 上)
漢簡本(60)、**王弼本**(12-286):**直而不肆,光而不燿。**

「紲」與「跇」通,朱駿聲《說文通訓定聲・泰部》:「紲,假借爲跇。」《漢書・揚雄傳》:「亶觀夫票禽之紲隃,犀兕之抵觸。」顏師古註:「紲與跇同。紲,度也。」《玉篇》:「跇,超踰也。」《史記・樂書二》:「騁騖與夸跇萬里。」裴駰《集解》引如淳曰:「跇,超踰也。」「跇」之「超越」義與「肆」之「恣肆、放縱」義通,爲超出一定的標準和界限。故紲、跇與肆義同可互用。《說文・糸部》:「紲,糸枼聲。《春秋傳》曰:『臣負羈紲。』緤,紲或從枼。」

紲爲心母月部,肆爲心母質部,「質」、「月」旁轉,音通可借,紲爲肆之借。

眺爲透母宵部,燿爲餘母藥部,喻四歸定,聲母皆爲舌尖中音,「宵」、「藥」對轉,音通可借。《說文・目部》:「眺,目不正也。」《玉篇・目部》:「眺,眺望也。」《集韻・筱韻》:「眺,遠視。」又《火部》:「燿,照也。」徐灝注箋:「俗作耀。」《淮南子・脩務》:「察於辭者,不可以燿以名。」高誘注:「燿,

炫也。」《韓非子》云：「所謂『直』者，義必公正，心不偏黨也。所謂『光』者，官爵尊貴，衣裘壯麗也。」眺爲借字。河上公本、傅奕本、范應元本等作「耀」，故當從常用之字「耀」。

　　本章整理：其政悶悶，其民淳淳；其政察察，其民缺缺。禍兮，福之所倚；福兮，禍之所伏，孰知其極？其无正也，正復爲奇，善復爲妖。人之迷也，其日固久矣。是以方而不割，廉而不劌，直而不肆，光而不耀。

第五十九章　守　道

絎（楚簡本）──治（帛書乙、漢簡本、王弼本）

楚簡本：絎人事天莫若嗇。（乙 1）

帛書乙（21 上）、**王弼本**（12-287）：治人事天莫若嗇。

漢簡本：治人事天，莫如嗇。（60）

絎、治皆屬定母之部，爲舌尖中音，絎、治皆從台得聲，音同可借。《說文·糸部》：「絎，絲勞即絎。從糸台聲。」又《水部》：「治，水。出東萊曲城陽丘山，南入海。從水台聲。」《玉篇·水部》：「治，修治也。」《廣韻·至韻》：「治，理也。」《詩·邶風·綠衣》：「綠兮絲兮，女所治兮。」引申爲治理、統治之義，《孟子·滕文公上》：「或勞心，或勞力。勞心者治人，勞力者治於人。治於人者食人，治人者食於人。」「絎」乃「治」之假借字。按：「治」之古文從「系」，楚簡《老子》乙此字形可隸作從系從厶從司，爲「治」之異體。

是以（楚簡本、帛書乙、漢簡本）──是謂（王弼本）

梟（楚簡本）──蚤（帛書乙、漢簡本）──早（王弼本）

備（楚簡本）──服（帛書乙、漢簡本、王弼本）

楚簡本：夫唯嗇，是以梟，是以梟備，是胃〔重積德〕。（乙 1）

帛書乙：夫唯嗇，是以蚤服，蚤服是胃重積德。（21 上）

漢簡本：夫唯嗇，是以蚤服，蚤服是謂重積德。（60-61）

王弼本：夫唯嗇，是謂早服，早服謂之重積德。（12-287）

　　「是以」表示前後的承接、因果關係；而「是謂」是表示前後的並列關係。義稍有不同。本段連接詞「是以」、「是謂」、「則」、「可以」，用字嚴謹。故當從「是以」。

　　《郭店楚墓竹簡》註釋：簡文杲下脫「備」字。「備」讀作「服」。杲當是「暴」之異體字，從「日」「棗」聲。「棗」、「早」同音。

　　《說文‧日部》：「早，晨也。从日在甲上。」徐鍇《繫傳》：「甲，十干之首。又象人頭。」段玉裁注：「甲象人頭，在其上，則早之意也。」李富孫《辨字正俗》：「晑，今作早，隸變體。」「甲」字甲骨文本象十字形；又象種子萌芽時頂著甲殼而初生之形，當與人頭無關，《釋名‧釋天》：「甲，孚甲也。萬物解孚甲而生也。」日在剛剛初生的孚甲之上，故爲「早」也。早爲會意字，而杲爲形聲字，當爲後起字。《國語‧魯語上》：「夫婦贄不過棗栗，以告虔也。」韋昭注：「棗，取蚤起；栗，取敬肅。」《儀禮‧士昏禮》：「婦執笲用棗栗。」賈公顏疏：「棗栗，取其早自謹敬。」《穀梁傳》：「棗栗瑕脩。」范寧注：「棗，取其早自矜莊。」杲，從日，棗省聲；楚系文字「早」，從日，棗聲，或日在上，或日在下，皆讀爲「早」字〔註1〕。杲爲早之異體字。

　　蚤、早皆爲精母幽部字，音同可借。蚤與早通。《廣韻‧皓韻》：「蚤，古借爲早暮字。」《詩‧豳風‧七月》：「四之日其蚤，獻羔祭韭。」孔穎達疏：「四之日其早朝，獻黑羔於神。」《國語‧周語》：「若皆蚤世猶可。」又《越語》：「蚤晏無失，必順天道。」《孟子‧離婁下》：「蚤起，施從良人之所之。」蚤爲早之假借字。

　　備爲並母之部字，服爲並母職部字，「之」、「職」對轉，故音通可借。

　　《說文‧人部》：「備，愼也。从人葡聲。俻，古文備。」《漢語大字典》按云：「甲、金文爲『箙』的象形字，盛矢器。」蓋古時狩獵之前，必預先準備好竹做的箭矢，裝在箭袋之內，故有預先準備好箭矢之具以待用之義，其實也含有謹愼之義在內。《書‧說命》：「惟事事，乃其有備，有備無患。」《左傳‧僖公五年》：「凡分至啓閉，必書雲物，爲備故也。」《玉篇‧人部》：「備，預也。」《字彙‧人部》：「備，預辦也。」

　　服，指古代裝刀劍等用的袋子，與「箙」通，《詩‧小雅‧采薇》：「四牡翼翼，象弭魚服。」鄭玄箋：「服，矢服也。」《周禮‧春官‧巾車》：「小服

皆疏。」鄭玄注:「服,讀爲箙。小箙,刀劍短兵之衣。」《說文·竹部》:「箙,
弩矢箙也。从竹服聲。《周禮》:『仲秋獻矢箙。』」段玉裁注:「按:本以竹木
爲之,故字從竹。」《玉篇·竹部》:「箙,矢器也。藏弩箭爲箙。」《周禮·
夏官·司弓矢》:「中春獻弓弩,中秋獻矢箙。」鄭玄注:「箙,盛矢器也,以
獸皮爲之。」又「田弋充籠箙矢。」鄭玄註:「籠,竹箙也。」

　　從其本義和字形來看,備、箙義同。用作動詞時,備與服義通。「服」有
從事之義。《爾雅·釋詁上》:「服,事也。」《廣韻·屋韻》:「服,服事。」《詩·
大雅·下武》:「昭哉嗣服。」毛傳:「服,事也。」《書·酒誥》:「肇牽車牛,
遠服賈。」《莊子·天地》云:「循於道之謂備。」所謂備者,即從事於道也,
從事於道即重積德,故謂之早備。所謂「早服」,即是指早早的從事於某事情,
與「早備」即預先準備某事情,其義同。故「備」與「服」可互用。

　　《韓非子·解老》:「眾人之用神也躁,躁則多費,多費之謂侈。聖人
之用神也靜,靜則少費,少費之謂嗇。嗇之謂術也,生於道、理。夫能嗇
也,是從於道而服於理也。眾人離於患,陷於禍,猶未知退,而不服從道、
理。聖人雖未見禍患之形,虛無服從於道、理,以稱蚤服。故曰:『夫謂嗇,
是以蚤服。』知治人者,其思慮靜;知事天者,其孔竅虛。思慮靜,故德
不去;孔竅虛,則和氣日入。故曰:『重積德。』夫能令故德不去,新和氣
日至者,蚤服者也。故曰:『蚤服是謂重積德。』」服與從,或互文見義,
或連用,「服」皆有「從、從事」之義。即使「服」作「服從、順從」皆,
也有「從事、事從」之義,僅僅有主動和被動的區別,韓非子皆用主動,
作「從事」解。

　　　丞(楚簡本)──極(帛書乙、漢簡本、王弼本)
　　　陒(楚簡本)──國(帛書甲乙、漢簡本、王弼本)
　　楚簡本:莫知亓丞,可以又陒;又陒之母,可以長〔久〕。(乙 2)
　　帛書甲:〔莫知其極〕,可以有國;有國之母,可以長久。(46)
　　帛書乙:莫知亓極,可以有國;有國之母,可以長久。(21 下)
　　漢簡本:莫智其極,則可以有國;有國之母,可以長久。(61)
　　王弼本:莫知其極,可以有國;有國之母,可以長久。(12-287)

　　《說文・二部》：「恆，常也。从心从舟，在二之閒上下。心以舟施，恆
也。死，古文恆从月。《詩》曰：『如月之恒。』」《說文・木部》：「極，棟也。
从木亟聲。」徐鍇《說文繫傳》：「極，屋脊之棟也。」吳善述《廣義校訂》：
「棟者，屋之正梁，居中至高，故謂之極。」段玉裁《說文解字注・木部》：
「凡至高至遠皆謂之極。《廣雅・釋詁四》：「極，高也。」又《釋詁一》：「極，
遠也。」《廣韻・職韻》：「極，終也。」又「窮也。」《玉篇・木部》：「極，
盡也。」《廣雅・釋詁四》：「極，已也。」《禮記・樂記》：「故禮以道其志，
樂以和其聲，政以一其行，刑以妨其姦，禮樂刑政，其極一也。」孫希旦《禮
記集解》：「極，猶歸也。」

　　恆爲匣母蒸部，極爲群母職部，聲母皆爲喉牙音，職、蒸對轉，故恆、
極音通可借，恆爲極之借。亦見第 16 章。

　　域爲匣母職部字，國爲見母職部字，聲母皆爲舌面後音，音通可借。

　　《玉篇》：「陚，古文域字。」域，《漢簡》亦作或（36 頁），亦從郭（臺）
或（即馘，16 頁），亦從田或（即畍，39 頁），亦從阜或（即陚41 頁）；《古文
四聲韻》盡收以上「域」字形。其中從「阜或」字，即「陚」字。《正字通》：
「阝，偏傍阜字。」楚系文字亦多見「陚」〔註 2〕。不管是偏旁從郭（臺）、
從邑、從田，還是從土、從阝、從阜，皆爲「域」之異體字。壑，也是其異
體。《說文・戈部》：「或，邦也。从口从戈，以守一。一，地也。域，或又從
土。」吳大澂《說文古籀補》：「或，古國字，從戈守口，象城有外垣。」劉心
源《奇觚》：「《師袁簋》域從邑，即國字。《說文》或、域皆國字，後人分用。」
《廣雅・釋詁四》：「域，國也。」《詩・商頌・玄鳥》：「古帝命武湯，正域彼
四方。」鄭玄箋：「使之長有邦域，爲政於天下。」故「域」即邦國也。國，
從口或，與上所舉字皆當爲一字之異體，形旁不同但形旁義皆可通。

　　深（帛書甲、漢簡本、王弼本）──探（帛書乙）
　　槿（帛書甲）──根（帛書乙、漢簡本、王弼本）
　　氏（帛書甲乙）──抵（漢簡本）──柢（王弼本）
　　楚簡本：〔是謂深根固柢〕，長生舊視之道也。（乙 2-3）
　　帛書甲：是胃深槿固氏，長〔生久視之〕道也。（46）

〔註 2〕滕壬生：《楚系簡帛文字編》，武漢：湖北教育出版社，2008 年 10 月，第 595 頁。

帛書乙：是胃探根固氐，長生久視之道也。（21 下-22 上）

漢簡本：是謂深根固抵。（61-62）

王弼本：是謂深根固柢。（12-287）

《說文・手部》：「探，遠取之也。从手罙聲。」《說文・水部》：「深，水。出桂陽南平，西入營道。从水罙聲。」《增韻》：「深者，淺之對。」《左傳・僖公十五年》：「晉侯謂慶鄭曰：『寇深矣，若之何？』對曰：『君實深之，可若何！』」

探爲透母侵部，深爲書母侵部，聲母皆爲舌頭音，借從罙得聲，音通可借，探爲深之借。

槿、根皆爲見母文部字，音通可借。《說文・木部》：「根，木株也。从木艮聲。」《左傳・隱公六年》：「農夫之去草，絕其本根，勿使能殖。」《廣韻》：「根，柢也。」《管子・地形》：「地者，萬物之本原，諸生之根菀。」《廣韻・隱韻》：「槿，木槿，櫬也。又名蕣，一曰朝華，一曰日及，一曰王蒸，又曰赤槿。」「槿」乃「根」之借。

根字，高明認爲帛書甲本當堃，「乃『根』字別作，帛書組誤釋爲『槿』字。甲、乙本『氐』字乃『柢』之省。」〔註3〕

《說文・木部》：「柢，木根也。从木氐聲。」徐鍇《繫傳》：「華葉之根曰蒂，樹之根曰柢，音同也。」朱駿聲《說文通訓定聲》：「蔓根爲根，直根曰柢。」《韓非子・解老》：「樹木有蔓根，有直根。直根者，書之所謂『柢』也。『柢』也者，木之所以建生也。曼也者，木之所以持生也。德也者，人之所以建生也。祿也者，人之所以持生也。今建於理者其持祿也久，故曰：『深其根。』體其道者其生也長，故曰：『固其柢。』柢固則生長，根深則久視，故曰：『深其根，固其柢，長生久視之道也。』」

《說文・手部》：「抵，擠也。从手氐聲。」抵，與「柢」通，朱駿聲《說文通訓定聲・解部》：「抵，叚借爲柢。」《周禮・地官・泉府》：「買者各從其抵。」鄭玄注：「鄭司農云：『抵，故賈也。』玄謂抵實柢字。」

《說文・氏部》：「氐，至也。从氏下箸一。一，地也。」林義光《文源》：「當與『氏』同字。氏、氐音稍變，故加『一』以別之。『一』實非地。氐象根。根在地下，非根之下復有地也。」按林氏說，氏、氐與根義同。徐灝《說

〔註3〕 高明：《帛書老子校注》，北京：中華書局，1996 年，第 117～118 頁。

文解字注箋・氏部》：「氏即根氏本字，相承增木爲柢。《爾雅・釋言》：『柢，本也。』《詩・小雅・節南山》：「尹氏大師，維周之氏。」毛傳：「氏，本也。」孔穎達正義曰：「氏，讀從邸。若四圭爲邸，故爲本，言是根本之臣也。」《爾雅・釋天》：「天根，氏也。」孫炎云：「角亢下繫于氏，若木之有根。」復旦整理組於帛書甲「氏」釋作「至」，至爲章母質部，氏、抵、柢皆爲端母脂部，質、脂對轉，音同可借，氏、抵爲柢之借。

本章整理：治人事天莫若嗇。夫唯嗇，是以早服，早服是謂重積德。重積德則无不克，无不克則莫知其極，莫知其極，可以有國，有國之母，可以長久。是謂深根固柢，長生久視之道也。

第六十章　居　位

亨（帛書乙、漢簡本）——烹（王弼本）

帛書乙（22 上）、漢簡本（63）：治大國若亨小鮮。

王弼本：治大國若烹小鮮。（12-287）

　　亨與烹音義皆通。《集韻・庚韻》：「烹，煮也。或作亨。」《易・鼎卦》：「大亨以養聖賢。」《詩・豳風・七月》：「七月亨葵及菽。」《周禮・天官・內饔》：「掌王及后世子膳羞之割亨煎和之事。」鄭玄注：「亨，煮也。」作煮義時，烹、亨皆爲滂母陽部字。孔廣森《詩聲類》「亨」字下云：「亨、煮、享三字，後人所別，古人皆祇作『亨』字，而隨機用之，其讀似亦祇有『亨』音。」《康熙字典》按：「古惟亨字，兼三義。後加一畫，作享獻之享，加四點作烹飪之烹，今皆通用。」亨字不僅兼三義，而且兼三音，故三字當爲同源異體字。關於此句之意，《韓非子・解老》云：「事大眾而數搖之，則少成功；藏大器而數徙之，則多敗傷；烹小鮮而數撓宰，則賊其宰；治大國而數變法，則民苦之。是以有道之君，貴虛靜而重變法。故曰：『治大國若烹小鮮。』」王弼注：「不擾也。躁則多害，靜則全眞。故其國彌大，而其主彌靜，然後乃能廣得眾心矣。」

立（帛書甲乙）——位（漢簡本）——莅（王弼本）

帛書甲：〔以〕道立天下，亓鬼不神。（47）

帛書乙：以道立天下，亓鬼不神。（22 上）

漢簡本：以道位天下，其鬼不神。（63）

王弼本：以道莅天下，其鬼不神。（12-287）

　　《廣韻・至韻》：「莅，臨也。」《易・明夷・象》：「君子以莅眾。」《書・周官》：「不學牆面，莅事惟煩。」《集韻》：「蒞，同莅。」繁簡的不同。《正字通・艸部》：「蒞，俗莅字。」《玉篇》：「莅，力至切，臨也。與涖同。」《詩・小雅・采芑》：「方叔涖止。」毛傳：「涖，臨也。」

　　《廣雅・釋言》：「位，莅也。」王念孫《疏証》：「莅或作涖，《僖三年穀梁傳》云：『莅者，位也』，古者位、莅、立三字同聲而通用。」《韓非子・外儲說左上》：「夫不明分，不責誠，而以躬親位下。」陳奇猷《集釋》引王先慎曰：「位、涖古字通。」《逸周書・允文》：「選同氏姓，位之宗子。」朱右曾《校釋》：「位、立，古通用。」

　　莅、立爲來母緝部，位爲匣母緝部，來與匣也被作爲複輔音〔gl〕的依據，音通可假借，「立「位」乃「莅」之借。

　　申（帛書甲）——神（帛書乙、漢簡本、王弼本）
　　帛書甲：非亓申不傷人也，聖人亦弗傷〔也〕。（47）
　　帛書乙：非亓神不傷人也，耶人〔亦〕弗傷也。（22 上-22 下）
　　漢簡本：非其神不傷人也，聖人亦弗傷。（63-64）
　　王弼本：非其神不傷人，聖人亦不傷人。（12-287）
　　《說文・示部》：「神，天神，引出萬物者也。从示、申。」徐鍇《繫傳》曰：「申即引也，天主降氣以感萬物，故言引出萬物也。」甲骨金文或作「申」，無「示」旁。《說文・申部》：「申，神也。七月，陰气成，體自申束。从臼，自持也。吏臣餔時聽事，申旦政也。凡申之屬皆从申。𢑚，古文申。𤰊，籀文申。」神爲船母眞部字，申爲書母眞部字，聲母皆爲舌面前音。故音義皆通可通用。

　　關於此章意指，《韓非子・解老》云：「上不與民相害，而人不與鬼相傷，故曰：『兩不相傷。』民不敢犯法，則上內不用刑罰，而外不事利其產業。上內不用刑罰而外不事利其產業，則民蕃息。民蕃息，而蓄積盛。民蕃息而蓄積盛之謂有德。凡所謂祟者，魂魄去而精神亂，精神亂則無德。鬼不祟人則魂魄不去，魂魄不去則精神不亂，精神不亂之謂有德。上盛蓄積而鬼不亂其精神，則德盡在民矣。故曰：『兩不相傷則德交歸焉。』言其德上下交盛，而俱歸於民也。」

　　本章整理：治大國若烹小鮮。以道莅天下，其鬼不神。非其鬼不神也，其神不傷人也。非其神不傷人也，聖人亦弗傷也。夫兩不相傷，故德交歸焉。

第六十一章　謙　德

邦（帛書甲）──國（帛書乙、王弼本）

流（帛書甲、王弼本）──游（漢簡本）

帛書甲： 大邦者，下流也。（48）

帛書乙： 大國者，下〔流〕也。（22下）

漢簡本： 大國者，下游也。（65）

王弼本（12-287）： 大國者，下流。

《說文・邑部》：「邦，國也。从邑丰聲。峉，古文。」《周禮・天官・大宰》：「大宰掌邦之六典，以佐王治邦國。」鄭玄註：「大曰邦，小曰國。」《六書故・工事二》：「邦，國也。別而言之，則城郭之內曰國，四境之內曰邦。」《書・堯典》：「協和萬邦。」《詩・大雅・皇矣》：「王此大邦。」

又《釋名・釋州國》：「邦，封也。封有功。」徐鍇《說文繫傳・邑部》：「邦，古謂封諸侯為邦。」《書・蔡仲之命》：「乃命諸王邦之蔡。」《墨子・非攻下》：「唐叔與呂尚邦齊、晉。」

《說文・口部》：「國，邦也。从口从或。」朱駿聲《說文通訓定聲・頤部》：「國者，郊內之都也。」《左傳・隱公元年》：「先王之制，大都不過參國之一。」《孟子・萬章下》：「在國曰市井之臣，在野曰草莽之臣。」趙岐注：「在國謂都邑也。」可見，析言之，邦與國有大小區別；渾言之則無別。《老子》帛書乙本和通行本用「國」而不用「邦」是為了避「劉邦」諱而改為國。（亦見第18章）

《說文・㲃部》：「㵲，水行也。从㲃㐬。㐬，突忽也。流，篆文从水。」《詩・大雅・常武》：「如山之苞，如川之流。」《史記・周本紀》：「武王渡河，

−477−

中流，白魚躍入王舟中。」《廣雅・釋詁一》：「流，末也。」王念孫《疏証》：「水本曰源，末曰流。」《論語・子張》：「紂之不善，不如是之甚也；是以君子惡居下流，天下之惡皆歸焉。」《論衡・異虛》：「根生，葉安得不茂？源發，流安得不廣？」本文「流」的旨意即下游部分。朱駿聲《說文通訓定聲・孚部》：「流，叚借爲游。」《馬王堆漢墓帛書・道原》：「鳥得而蜚（飛），魚得而流，獸得而走。」《楚辭・大招》：「東有大海，溺而淼淼只，螭龍並流，上下悠悠只。」此「流」通「游」。《說文・㫃部》：「游，旌旗之流也。从㫃汓聲。遊，古文游。」商承祚《殷墟文字》：「从子執旗，全爲象形。从水者，後來所加，於是變象形爲形聲矣。」可作水流、河流解，《史記・項羽本紀》：「古之帝者，地方千里，必居上游。」裴駰《集解》引文穎曰：「居水之上流也。」《詩・秦風・蒹葭》：「溯洄從之，道阻且長；溯游從之，宛在水中央。」

　　從其本意來看，當從「流」。流爲來母幽部，游爲餘母幽部，喻四歸定，聲母皆爲舌頭音，故音通可借，游爲流之借。

　　郊（帛書甲）──交（帛書乙、漢簡本、王弼本）
　　帛書甲：天下之牝，天下之郊也。（48）
　　帛書乙（22下）、**漢簡本**（65）：天下之牝也，天下之交也。
　　王弼本：天下之交，天下之牝。（12-287）
　　《說文・邑部》：「郊，距國百里爲郊。从邑交聲。」郊從交得聲，皆爲見母宵部，故音同可借。「郊」爲「交」之假借字。交，當爲「交匯」之義。《說文・交部》：「交，交脛也。从大，象交形。凡交之屬皆从交。」由兩腿的相交又引申爲相合併在一起，《廣雅・釋詁二》：「交，合也。」《楚辭・九思・思美人》：「解萹薄與雜菜兮，備以爲交佩。」王逸注：「交，合也。言已解析萹蓄，雜以香菜，合而佩之。」《說文・邑部》：「郊，距國百里爲郊。从邑交聲。」當從「交」。

　　高明釋作「性交」之意，句讀作「天下之交也，牝恒以靜勝牡。爲其靜也，故宜爲下。」〔註1〕既然是下流，當爲交匯之地；既然是牝，當爲回歸之處，即玄牝之門，天地之根。牝以靜勝牡，乃萬物自然之現象，如嚴遵《指歸》云：「自古及今，天下之牝，以靜勝牡，千世不易，萬事不變。夫何故哉？

〔註1〕 高明：《帛書老子校注》，北京：中華書局，1996年，第123頁。

以虛受實，以無應有。不以爲大，務以爲小；不以爲高，常以爲卑也。」因爲「先下先得，卑者制倨，靜者勝躁。」故老子所說牝勝牡爲廣義之比喻，非狹隘之義。非能有獵奇之心，當能解《老子》之義。《老子》此章說的是謙下之德，更強調大者要能爲下，天下才能歸往之。如吳澄所說：「兩者皆能下，則大小各得其所欲。然小者素在人下，不患乎不能下；大者非在人下，或恐其不能下，故曰『大者宜爲下』。」

爲（帛書甲乙）──以（漢簡本、王弼本）
靚（帛書甲）──靜（帛書乙、漢簡本、王弼本）
帛書甲：牝恆以靚勝牡，爲亓靚〔也，故〕宜爲下。（48-49）
帛書乙：牝恆以靜勝牡，爲亓靜也，故宜爲下也。（22下-23上）
漢簡本：牝恒以靜勝牡，以其靜也，故爲下。（5-66）
王弼本：牝常以靜勝牡，以靜爲下。（12-287）

爲、以都可表示事情、行爲產生的原因，有「由於」、「因爲」之義，《荀子‧天論》：「天行有常，不爲堯存，不爲桀亡。」《論語‧衛靈公》：「君子不以言舉人，不以人廢言。」爲、以義同可互用。

《說文‧見部》：「靚，召也。从見青聲。」朱駿聲《說文通訓定聲‧鼎部》：「靚，叚借爲靜。」《增韻‧靜韻》：「靚，又與靜同。」《漢書‧揚雄傳上》：「惟弸彋其拂汩兮，稍暗暗而靚深。」顏師古注：「靚，即爲靜字。」《說文‧青部》：「靜，審也。从青爭聲。」徐鍇曰：「丹青明審也。」王筠《句讀》：「采色詳審得其宜謂之靜。」《廣韻‧靜韻》：「靜，安也。」又「靜，和也。」《淮南子‧本經》：「瀆斯怒，怒斯動，動則手足不靜。」高誘注：「靜，寧也。」《玉篇‧青部》：「靜，息也。」《增韻‧靜韻》：「靜，無爲也。」又「靜，澄也。」又《勁韻》：「靜，濟也。」《古今韻會舉要‧敬韻》：「靜，寂也。」《國語‧晉語一》：「雖不識義，亦不阿惑，吾其靜也。」韋昭注：「靜，默也。」《楚辭‧招魂》：「像設君室，靜閒安些。」王逸注：「無聲曰靜。」帛書乙「靜」字，爲「𩏶」，異體字。

靚、靜皆爲從母耕部字，音同可借。靚爲靜之借。

比較王弼本，句子以簡爲原則，明顯地有人爲剪接痕跡。

帛書甲：小邦以下大邦，則取於大邦。(49)

帛書乙（23 上）、漢簡本（66）：小國以下大國，則取於大國。

王弼本：小國以下大國，則取大國。(12-287)

前一句為：「大國以下小國，則取小國」，為主動句式，此處帛書甲乙本和漢簡本皆為被動句式，有「於」字，王弼本無「於」字。《說文·又部》：「取，捕取也。从又从耳。《周禮》：『獲者取左耳。』《司馬法》曰：『載獻聝。』聝者，耳也。」《玉篇·又部》：「取，收也。」《廣韻·麌韻》：「取，受也。」又「取，獲也。」「下」為謙恭、謙讓之義，《易·屯》：「以貴下賤，大得民也。」

嚴遵《老子指歸》已解釋得很清楚了：「上而取人者，形大勢豐，德博權重，人之所利也。下而取於人者，地狹民少，權輕德鮮，人之所易（輕蔑）也。故不戰而壞人之邑，不攻而降人之城，地廣號尊，宗廟顯，功德流，是大國之所期也。交於大國，接和結親，歲有災害，則大國憂之；鄰國難至，則大國救之。屈一人之下，伸萬人之上，社稷尊，宗廟顯，國富兵強，人物全濟，延於無窮，小國之所願也。故接地鄰境，懸權不動，先下先得；卑者制倨，靜者勝躁，處大之勢，小下大得。夫何故哉？自然之道不可強致，水動下流，人動趨利。釋下任事，眾弱為一，出於不意，此強大之所以亡也。故大宜下。」

意為：大國能以謙恭卑下的姿態對待小國，則會獲得小國的歸附、支持；小國能以謙恭卑下的姿態對待大國，則會被大國所接受、容納（見容於大國）。文意前後對比鮮明，文通義順。王弼本奪一「於」字。

兼（帛書甲、王弼本）——并（帛書乙）

帛書甲：〔故〕大邦者，不過欲兼畜人。(50)

帛書乙：故大國者，不過欲并畜人。(23 下)

王弼本：大國不過欲兼畜人。(12-287)

《說文·秝部》：「兼，并也。从又持秝。兼持二禾，秉持一禾。」段玉裁注：「并，相從也。」徐鍇《繫傳》：「會意。秉持一禾，兼持二禾。可兼持者，莫若禾也。」《易·說卦》：「有天道焉，有人道焉，有地道焉，兼三才而兩之，故。」

《說文・竝部》:「竝,併也。从二立。」林義光《文源》:「象二人並立形。」《集韻・迴韻》:「竝,隸作並。」有合并、合在一起之義,《楚辭・東方朔〈七諫・自悲〉》:「冰炭不可以相並兮。」王逸注:「並,併也。」

兼、并義同可互用。

《廣雅・釋詁一》:「畜,養也。」《易・離》:「亨,畜牝牛吉。」《詩・邶風・日月》:「父兮母兮,畜我不卒。」朱熹注:「畜,養。」引申爲容納、收留之義,《玉篇・田部》:「畜,容也。」《禮記・儒行》:「易禄而難畜也。」鄭玄注:「難畜,難以非義久留也。」《左傳・襄公二十六年》:「獲罪於兩君,天下誰畜之?」杜預注:「畜,猶容也。」

本章整理:大邦者,下流也,天下之牝也,天下之交也。牝恒以靜勝牡,爲其靜也,故宜爲下。大邦以下小邦,則取小邦;小邦以下大邦,則取於大邦。故或下以取,或下而取。故大邦者,不過欲兼畜人;小邦者,不過欲入事人。夫皆得其欲,則大者宜爲下。

第六十二章　爲　道

注（帛書甲乙）——㼌（漢簡本）——奧（王弼本）

帛書甲：〔道〕者，萬物之注也。（51）

帛書乙：道者，萬物之注也。（24上）

漢簡本：萬物之㼌也。（68）

王弼本：道者，萬物之奧。（12-287）

《說文·木部》：「木，冒也。冒地而生。東方之行。从屮，下象其根。」朱駿聲《說文通訓定聲·需部》：「五行不言艸，艸亦木也。」明馮夢龍《古今譚概·塞語部·牝牡雄雌》：「五行有木耳無草，則草亦可謂之木；《洪範》言『庶草藩蕪』而不及木，則木亦可謂之草。」《說文·竹部》：「竹，多生艸也。象形。」故从屮、从木與从竹之字可互爲異體：㼌、幕、箒，皆從「帚」字，爲章母幽部字，注爲章母侯部字，幽、侯旁轉，故㼌、注音通可借。奧爲影母覺部，猶、覺對轉，見組和章組可諧。

《說文·宀部》：「奧，宛也。室之西南隅。」宛爲「屈草自覆」，故有深藏之義，段玉裁注：「宛、奧雙聲。宛者，委屈也。室之西南隅，宛然深藏，室之尊處也。」故古時設神主祭祀之位或尊長所居坐之處在室之西南隅，《禮記·曲禮》：「爲人子者，居不主奧。」所謂「道者萬物之奧」，義爲：道乃萬物之最尊貴者也，既然尊貴，則最爲寶貴，故爲人所寶。人之最爲尊貴者稱主，《禮記·禮運》：「人情以爲田，故人以爲奧也。」鄭玄注：「奧，猶主也。田無主則荒。」萬物無奧主則枯萎、滅亡。故道爲萬物之根本、主宰。嚴遵《指歸》云：「木之生也，末因於條，條因於枝，枝因於莖，莖因於本，本因於根，根因於天地，天地受之於虛無。華實生於有氣，有氣生於

四時，四時生於陰陽，陰陽生於天地，天地受之於無形。吾是以知：道以無有之形、無狀之榮，開虛無……決萬方，殊形異類，皆得以成……群類應之，各得以行。」道無所不在，故能爲天地萬物之主。「主」與「注」音同，皆爲章母侯部字，《荀子·宥坐》：「主量必平，似法。」楊倞注：「主，讀爲注。量，謂阬受水之處也。言所經阬坎，注必平之，然後過。」帛書所言「道者萬物之注也」，即是說：「道灌注於萬物之中」，與「道主宰萬物」義同。故「奧」、「注」義通可通用。然「奧」既有主宰、根本之意又有尊貴、精奧之意，較之「注」、「主」更能全面的表達道的含義，故字當從通行本作「奧」。傅奕本等亦作「奧」。

　　葆（帛書甲乙）──葆（漢簡本）──寶（王弼本）
　　葆（帛書甲）──保（帛書乙、王弼本）──葆（漢簡本）
帛書甲：善人之葆也，不善人之所葆也。（51）
帛書乙：善人之葆也，不善人之所保也。（24上）
漢簡本：善人之葆，不善人之所葆也。（68）
王弼本：善人之寶，不善人之所保。（12-287）
　　《說文·人部》：「保，養也。从人，从采省。采，古文孚。采，古文保。保，古文保不省。」唐蘭《殷墟文字記》：「負子於背謂之保，引申之，則負之者爲保；更引申之，則有保養之義。然則保本象負子於背之義，許君誤以爲形聲，遂取養之義當之耳。」

　　《說文·宀部》：「寶，珍也。从宀从王从貝，缶聲。宷，古文寶省貝。」《廣韻·皓韻》：「寶，珍寶。」《禮記·禮韻》：「地不愛其寶。」《書·旅獒》：「所寶惟賢，則邇人安。」《淮南子·說山》：「侯王寶之。」高誘注：「寶，重也。」爲珍重、珍愛之義。

　　《說文·艸部》：「葆，艸盛皃。从艸保聲。」「寶」與「葆」通，《史記·魯世家》：「毋墜天之降葆命。」又《留侯世家》：「果見穀城山下黃石，取而葆祠之。」裴駰《集解》引徐廣曰：「《史記》珍寶字皆作葆。」帛書《老子》甲本第69章：「我恒有三葆。」葆當作寶；乙本第69章「寶」字作琛，從王（玉）孚聲。孚爲並母幽部；缶、葆、寶爲幫母幽部，聲母皆爲唇音。故琛、葆、葆與寶（古文宷、珤）音通可借。又琛、葆從王（玉），與寶（古文宷、珤）音義皆同，故可通用。

　　王弼本「不善人之所保」之「保」字，乙本亦作「保」，甲本作「葆」，皆從孚得聲，音同可借。葆乃「保」之假借字。

　　此段義爲：善人珍視道；而不善人爲道所背負、養育。加一「所」字，即變爲被動語態。「不善人之所保」，與下文「人之不善，何棄之有」相應。

　　奠（帛書甲乙、漢簡本）──尊（王弼本）

　　賀（帛書甲乙）──加（王弼本）

　　帛書甲乙：美言可以市，奠行可以賀人。（51，24 上）

　　漢簡本：奠行可以賀人。（68-69）

　　王弼本：尊行可以加人。（12-287）

　　《說文‧丌部》：「奠，置祭也。从酋。酋，酒也。下其丌也。《禮》有奠祭者。」《儀禮‧士傷禮》：「脯醢醴酒，冪奠用功布。」鄭玄注：「古文奠爲尊。」清朱琦《說文叚借義證》引此云：「惠（棟）云：『古尊字作算，與尊相似，故僞。』則非借字。」尊有高、貴、敬、重之義，《論語‧堯曰》：「尊五美，屏四惡，斯可以從政矣。」劉寶楠《正義》：「尊者，崇高之義。」

　　《玉篇‧貝部》：「賀，加也。」《儀禮‧士喪禮》：「帶用靭賀之，結於後。」鄭玄注：「賀，加也。」毛奇齡《喪禮吾說篇‧重說》：「乃又用竹篾加結之曰賀。」賀有重累反覆加之之義，與「加」義同。《說文‧力部》：「加，語相增加也。从力从口。」《爾雅‧釋詁》：「加，重也。」郭璞注：「加，重疊也。」《字彙‧力部》：「加，施也。」有施加、施及、影響之義。《說文‧冂部》：「市，買賣所之也。市有垣，从冂从乀，乀，古文及，象物相及也。之省聲。」《管子‧侈靡篇》：「市也者，勸也。勸者，所以起本。」《說文‧力部》：「勸，勉也。」段玉裁注：「勉之而悅從亦曰勸。」《書‧多方》：「愼厥麗，乃勸；厥民刑，用勸。」孔傳：「湯愼其施政於民，民乃勸善，其人雖刑，亦用勸善。」

　　賀爲匣母歌部字，加爲見母歌部，聲母皆爲舌面後音，且賀從加得聲，音通可借。賀、加音義皆同可互用。

　　王弼注：「美言之，則可以奪衆貨之賈，故曰『美言可以市』也。尊行之，則千里之外應之，故曰『可以加於人』也。」可用和善的言辭來與之交談（勸勉他），可用高尚的行爲來影響他。

卿（帛書甲）──鄉（帛書乙）──公（漢簡本、王弼本）

帛書甲：故立天子，置三卿。（52）

帛書乙：故立天子，置三鄉。（24下）

漢簡本（69）、**王弼本**（12-287）：故立天子，置三公。

鄉與卿古文同形同義，見前所述。卿屬溪母陽部字，鄉屬曉母陽部字，公為見母東部字，聲母皆為舌面後音，「陽」、「東」旁轉，三字皆音通可借。

古代三公與三卿義同。《書・周官》：「立太師、太傅、太保，茲惟三公，論道經邦，燮理陰陽。」《漢書・百官公卿表》：「太師、太傅、太保，是為三公。」漢代有丞相（大司徒）、太尉（大司馬）、御史大夫（大司空），亦稱三公。名稱不同，其實質一樣。《公羊傳・隱公五年》：「天子三公稱公，王者之後稱公；其餘大國稱侯；小國稱伯、子、男。」天子三公即上所謂太師、太傅、太保，分管不同的政事。三卿的內容與職務與三公同，《禮記・王制》：「大國三卿，皆命於天子。」孔穎達疏：「崔氏云：三卿者，依周制而言，謂立司徒，兼冢宰之事；立司馬兼宗伯之事；立司空兼司寇之事。故《春秋左傳》云：季孫為司徒，叔孫為司馬，孟孫為司空，此是三卿也。《晉書・百官志》：「古者，天子諸侯皆名執政大臣曰正卿，自周後始有三公九卿之號。」時代不同，稱呼不同，但三公與三卿的職權基本一樣，即皆為一國或諸侯的最高執政大臣。故公、卿義同。

共（帛書甲、漢簡本）──拱（王弼本）

四（帛書甲乙、漢簡本）──駟（王弼本）

帛書甲：雖有共之璧以先四馬。（52）

帛書乙：雖有共之璧以先四馬。（24下）

漢簡本：唯有共之璧以先四馬。（69）

王弼本：雖有拱之璧以先駟馬。（12-287）

《說文・手部》：「拱，斂手也。從手共聲。」段玉裁注：「《尚書大傳》注曰：『兩手揜之曰拱。』然則『桑穀一墓大拱』，《孟子》『拱把之桐梓』，皆非沓手之拱，拱之小者也。趙岐云：『合兩手。』徐鍇云：『兩手大指頭相拄。』」其形為兩手拇指頭相抵觸，其餘四手指併攏四指頭部相疊，成圓形狀。通常在丈量一棵半大的小樹時合雙手來衡量其大小。《左傳・僖公三十二年》：「中壽，爾墓之木拱矣。」杜預注：「合手曰拱。」本文此處用以形容璧之大。拱

爲見母東部，共爲群母東部，聲母皆爲舌面後音。徐灝《說文解字注箋・共部》：「共，古拱字。」《逸周書・度邑》：「叔旦恐，泣涕共手。」《儀禮・鄉飲酒禮》：「坐奠觶，退，共。」鄭玄注：「共，拱手也。」

故共爲拱之假借字。

《說文・馬部》：「駟，一乘也。」《正字通・馬部》：「駟者，一乘四馬，兩服兩驂是也。」《詩・鄘風・干旄》：「良馬五之。」孔穎達疏：「王肅云：古者一轅之車駕三馬則五轡，夏后氏駕兩，謂之麗。殷益一騑，謂之驂。周又益一騑，謂之駟。駟者，一乘四馬，兩服兩驂是也。董氏曰：馬在車中爲服，在車外爲驂。」即兩馬在轅中者爲服，左右各一馬，左爲驂，右爲騑。共四馬爲一乘。「駟」與「四」通。《字彙補・馬部》：「駟，借作四。」《禮記・樂記》：「天子夾振之而駟伐，盛威於中國也。」鄭玄註：「駟當爲四，聲之誤也。」銀雀山漢墓竹簡《孫子兵法・十問》：「駟鼓同舉，五遂俱傅。」四、駟皆爲心母質部字，音同可借。四爲駟之借。所謂「以先駟馬者」，義爲「駟馬在前」。

善（帛書甲）——若（帛書乙）——如（漢簡本、王弼本）

帛書甲：不善坐而進此。（52）

帛書乙：不若坐而進此。（24下）

漢簡本：不如坐而進此。（69-70）

王弼本：不如坐進此道。（12-287）

帛書甲本「若」寫作「善」，多爲音誤。善爲禪母元部字，若爲日母鐸部字，如爲日母魚部字，聲母皆爲舌面前音，「魚」、「鐸」對轉，「元」又可與「魚」、「鐸」通轉，「善」、「若」、「如」音通可借，加之前面有兩個「不善」，故或誤「若」、「如」爲「善」。若、如音近義同可通用，見前第5章註釋。

胃（帛書甲乙）——曰（漢簡本、王弼本）

輿（帛書甲）——與（帛書乙）——虖（漢簡本）——邪（王弼本）

帛書甲：不胃求以得，有罪以免輿？（52-53）

帛書乙：不胃求以得，有罪以免與？（25上）

漢簡本：不曰求以得，有罪以免虖？（70）

王弼本：不曰求以得，有罪以免邪？（12-287）

　　胃借作謂，帛書《老子》「謂」常寫作「胃」。又《經法・君正》：「因天之生也以養生，胃之文。」《廣雅・釋詁二》：「謂，說也。」或爲「稱之爲，叫做」之義。

　　《說文・曰部》：「曰，詞也。从口乙聲。亦象口气出也。」段玉裁注：「詞者，意內而言外也。有是意而有是言。亦謂之曰，亦謂之云，云、曰雙聲也。」《增韻》：「曰，謂也，稱也。」《廣雅・釋詁四》：「曰，言也。」又有「叫做」之義，王引之《經傳釋詞》卷二：「曰，猶爲也。」

　　故「胃（謂）」、「曰」義同可通用。

　　輿、與、邪皆爲餘母魚部字，虖爲曉母魚部字，在諧聲字、出土材料和典籍中，餘母（喻四）出了唇音幾乎可以其它任何音互諧，故其音通可借。（亦見第 5、7 章說解）

　　輿、與音同可借，「輿」借爲「與」。「與」在此文中借作語氣詞，《集韻・魚韻》：「與，語辭。通作歟。」《墨子・明鬼下》：「豈女爲之與，意鮑爲之與？」

　　邪可作語氣辭，音爲 ye，經傳多作邪，俗作耶。《廣韻・麻韻》：「邪，俗作耶，亦語助。」《莊子・逍遙遊》：「天之蒼蒼，其正色邪？」

　　《集韻・模韻》：「乎，古作虖。」《廣韻・模韻》：「虖，歎也。」《漢書・張馮汲鄭傳》：「天子置公卿輔弼之臣，寧靈從諛承意，陷主於不誼虖？」

　　與、邪、虖義同可通用。

　　本章整理：道者，萬物之奧也。善人之寶也，不善人之所保也。美言可以市，尊行可以加人。人之不善也，何棄之有。故立天子，置三卿，雖有拱之璧以先駟馬，不若坐而進此。古之所以貴此者，何也？不謂求以得，有罪以免與？故爲天下貴。

第六十三章　恩　始

未（楚簡本、帛書甲）──味（漢簡本、王弼本）

楚簡本：爲亡爲，事亡事，未亡未。（甲 14）

帛書甲：爲无爲，事无事，味无未。（53）

帛書乙：爲无爲，事〔无事，味无味〕。（25 上）

漢簡本（71）、**王弼本**（12-287）：爲無爲，事無事，味無味。

《說文·口部》：「味，滋味也。从口未聲。」又《未部》：「未，味也。六月，滋味也。五行，木老於未。象木重枝葉也。」段玉裁注：「《（史記·）律書》曰：『未者，言萬物皆成，有滋味也。』許說與《史記》同。」但從字義來看，味與未皆爲明母物部，音義皆同可通用。「未」乃「味」之本字。但從句子來看，當以帛書甲本爲勝。前一字「味」爲動詞，作「品嘗，辨別滋味」解；後一「未」才作「滋味」解。如此則楚簡本第一個「未」乃「味」之假借；王弼本第二個「味」乃「未」之假借字。但今「味」字習用成常，既可作動詞，又可作名詞，「味」爲本字，「未」則爲借字。

《老子》之文，意蘊頗長，從各個角度都可去理解。「味无味」頗合道家養生之法。《黃庭經》有云：「百穀之實土地精，五味味美邪魔腥。臭亂神明胎氣零，哪從返老得還嬰？」《老子》第 12 章即云：「五味令人口爽。」爽即敗也。即《莊子·天地》所說：「五味濁口，使口厲爽。」

可見老莊都是反對五味的，其原因或只能從養生和修煉的角度去理解了，如從世俗的角度來去強爲闡釋，則只能使人更加困惑而拒絕其思想。《菜根譚》從人生的角度去闡釋，可能有人生經歷的人多一點認同：「濃肥辛甘非眞味，眞味只是淡；神奇卓異非至人，至人只是常。」

漢簡本：大少之。（甲14）

帛書甲（53）、王弼本（12-287）：大小多少，報怨以德。

漢簡本：小大多少，報怨以德。（71）

我們知道，漢簡本《老子》並不是完整的版本，它「不足今本的五分之二。由於墓葬數次被盜，竹簡有缺失。」與它本對照，本處缺失五十多字，接近兩簡的字數，或許是抄寫跳漏的原因。帛書本、漢簡本和通行本都是完整的，在文本上沒有什麼不同。本章最有爭議性的是「大小多少，報怨以德。」好像出現於此有點突兀。如果我們能把我《老子》一書的重點：「道」和「德」，其實也不難理解老子的這句話。本章以及接下來的兩章講的就是「德」，「德」的含義就是：無爲是德，心性平直是德。那麼，爲道、爲德，就應該無爲，但是我們從無始以來所造下的業，怎麼清算處理呢？所以，不管恩怨的大、小，還是多、少，都應該以德來回報之。以德報怨就是以清淨無爲的方式來處理，除此以外的任何方式都會產生新的業力。天下的難事、大事都是從容易的、細小的事情開始的，所以老子說要「愼終如始」，所以細小的業力必須要重視之，「勿以善小而不爲，勿以惡小而爲之，」說的就是這個道理。涓涓細流，匯成江河，所以不管是善行，還是惡業，都必須重視起源頭，這就是佛家所說的「菩薩畏因，凡夫畏果。」所以聖人尤其憂患之、畏懼之，這樣才不會有不可收拾的局面。德不是有爲而成，而是無爲，才能成其大。《易·否》：「君子以儉德辟難，不可榮以祿。」《廣韻·翰韻》：「難，患也。」《增韻·翰韻》：「難，阨也，憂也。」《釋名·釋言語》：「難，憚也，人所忌憚也。」《篇海類編·鳥獸類·佳部》：「難，畏憚也。」《易·屯》：「剛柔始交而難生。」任何事情剛開始的時候，都是伴隨著細小的業力（憂患、畏懼）而生的。這就是我們爲什麼要敬畏一切的原因。《說文·心部》：「怨，恚也。从心夗聲。𢜤，古文。」「怨」之古文从心从令，也就是從我們的這顆有爲之心所發出來的號令，「報怨以德」就是要用無爲的清靜心去平復那顆有爲而躁動的心，即懷有怨念的心。

乎（帛書甲乙）——虖（漢簡本）——於（王弼本）

帛書甲：圖難乎（其易也，爲大乎其細也）。（53-54）

帛書乙：〔圖難乎其易也，爲大〕乎亓細也。（25下）

漢簡本：圖難虖其易也，爲大虖其細也。（71）

王弼本：圖難於其易，爲大於其細。（12-287）

乎爲匣母魚部，於爲影母魚部，虖爲曉母魚部，聲母皆爲喉音（舌根音），故音可通。

《集韻‧模韻》：「乎，古作虖。」作介詞，相當於「於」、「于」，《墨子‧尚同上》：「夫明虖天下之所以亂者，生于無政長。」《楚辭‧惜誓》：「馳鶩於杳冥之中兮，休息虖崑崙之墟。」

乎相當於介詞「於」，《易‧繫辭上》：「吉凶者，言乎其失得也……是故列貴賤者存乎位，齊小大者存乎卦，辯吉凶者存乎辭。」《孟子‧萬章上》：「孝子之至，莫大乎尊親。」《戰國策‧燕策二》：「擢之乎賓客之中，而立之乎群臣之上。」故乎、於、虖音義皆通，可互用。本文「於」表示起始，「自」、「從」之義。

若（帛書乙、漢簡本）──諾（王弼本）
鄞（楚簡本）──難（帛書甲乙、漢簡本、王弼本）
楚簡本：多惌必多鄞。（甲 14）
帛書甲：〔夫輕若必寡信，多易〕必多難。（55）
帛書乙：夫輕若〔必寡〕信，多易必多難。（26 上）
漢簡本：夫輕若必寡信，多易者必多難。（73）
王弼本：夫輕諾必寡信，多易必多難。（12-288）

《說文‧艸部》：「若，擇菜也。从艸右。右，手也。一曰杜若，香艸。」商承祚《殷墟文字類編》：「案：卜辭諸『若』字象人舉手而跽足，乃象諾時巽順之狀，古『諾』與『若』爲一字，故『若』字訓爲順。古金文『若』字與此畧同。」《馬王堆漢墓帛書‧經法‧名理》：「若者，言之符也；已者，言之絕也。已若不信，則知（智）大惑矣。已若必信，則處於度之內也。」若讀作諾。《說文‧言部》：「諾，譍也。从言若聲。」段玉裁注：「譍者，應之俗字。」《荀子‧王霸》：「刑賞已諾，信乎天下矣。」楊倞注：「諾，許也。」若爲日母鐸部，諾爲泥母鐸部，娘、日歸泥，聲母皆爲舌頭音，諾從若得聲，故音通可借，若、諾音義皆通可互用。

難之古文或從土，《玉篇‧隹部》：「鄞，古文難。」《廣韻‧寒韻》：「鄞」，同「難」。故鄞、鄞爲「難」之異體字。《說文‧易部》：「易，蜥易，蝘蜓，守宮也，象形。《祕書》說：日月爲易，象陰陽也。一曰从勿。」既然「易」象陰陽，那麼「剛柔始交而難生」，說明「易」字本身已經包含著「難」了。

　　楚簡本：「大，小之。多惕必多難。」對照通行本和帛書本，中間缺五十多字。劉信芳云：「竊意以爲……鈔寫者有脫漏。當鈔至『多少』時，涉『多』而直接以『多易』句，此類因相同文字而致脫行、脫句，甚至脫漏段落的情況古今多有。」〔註1〕從《韓非子・喻老》所解和帛書本殘卷來看，楚簡本或脫兩簡。關於「大小多少」，《韓非子・喻老》：「有形之類，大必起於小；行久之物，族必起於少，故曰：天下之難事必作於易，天下之大事必作於細。」從其「故曰」二字可知其並非解釋前面的「大小多少」句，而是跳過了「大小多少，報怨以德」句，韓非子對此無解。嚴遵《指歸》或解釋爲：「動而民悅者勞而德小，爲而民喜者爲而恩少。」只有無爲之德才能息民怨於無形，故「報怨未萌，圖難於易。」故其義或爲：大，從小開始；多，從少開始；息怨，從德開始。楚簡本「大，小之」有大而化小之義，類推則爲「多而化少；怨，則以德而化之」，故當從簡本。《老子》此處之德，當爲「上德不德」之義，上德乃無爲、不爲之德，其德大，此之德才能眞正的化解怨恨。而下德、有意爲之之德，其德小，不足以化怨、息怨、報怨。河上公取本章之名曰「恩始」，大有深意焉，或本於「恩德」、「德化」之義。

　　《論語・憲問》：「或曰：『以德報怨，何如？』子曰：『何以報德？以直報怨，以德報德。』」「以德報怨」或從《老子》此處來。孔子的回答不同於老子，是站的角度不同。《說文・乚部》：「直，正見也。从乚从十从目。」所謂「正見」，即是正知見。通行本第 79 章：「有德司契。」「契」即契約，即今之合約、合同。有了契約，便有了借貸、債務等關係。當債權人有意施德之時，便可將契約撕毀，此典籍有記載。這種做法其實是「下德」，「下德不失德，是以無德」。這種做法會助長人的惰性，於官司中更會助長惡人的劣根性。進行正常的司法程序會遏制壞人的進一步作惡。故其是否採取正見和正行，會導致不同的結果，根據因果關係，這種結果是由債權人的行爲導致的，故其結果也會反作用於人。保持契約或進行官司，會抑制人的惰性，阻止壞人的猖狂。當這個人（債權人）只是「執左契而不以責於人」，他沒有銷毀契約而保持這種債權債務的關係，讓人看不到他是在施德於人，這個是有德的，即「上德不德，是以有德」，這是老子入世之中的「德」的法則。在官司中只是按程序辦事而無心於結果，這是正知見、正行，即孔子所說的「以直報怨」，它不會助長犯罪，反而給其他企圖犯罪者以警示，降低了犯罪。從這一點來

〔註1〕 劉信芳：《荊門郭店竹簡老子解詁》，臺北：藝文印書館，1999 年，第 18 頁。

說，也是有德的。反之，助長了人的惰性和犯罪的更多的發生，不僅無德，反而有罪，導致因果鏈上的恩怨會更爲複雜化，這也即是《老子》第 81 章所說的「和大怨，必有餘怨，安可以爲善？」。故孔子站在入世的社會中來闡釋「以直報怨」，有這樣的社會，才有這樣的方式；老子則是從無爲的角度來提倡「以德報怨」，這是站在修煉的亦或是宗教的角度來講的，其「報怨以德」的深度和廣度更爲深遠，它是化解累劫以來無量眾生恩怨的最好方式。

另外，「德」之古文「悳」，《說文》：「外得於人，內得於己也。从直从心。悳，古文。」「直」爲無心之「悳」，未嘗不是德。故孔子的「以直報怨」也是「以德報怨」的另一種形式。

　　猷（楚簡本、帛書甲）──猶（漢簡本、王弼本）
楚簡本：是以聖人猷難之，古多亡難。（甲 14-15）
帛書甲：是〔以聖〕人猷難之，故多於无難。（55）
帛書乙：是以耵人猶〔難〕之，故〔終無難矣〕。（26 上）
漢簡本：是以聖人猶難之，故終無難。（73）
王弼本：是以聖人猶難之，故終無難矣。（12-288）

猷、猶乃一字之異體，在此文中爲程度副詞。郝懿行《爾雅義疏》於「猷，已也。」下云：「猶、猷古字通。」《墨子‧節葬下》：「若以此若三國者觀之，則亦猶薄矣；若以中國之君子觀之，則亦猶厚矣。」王筠《說文句讀‧犬部》：「猷、猶一字。凡謀猷，《尚書》作猷，毛《詩》作猶。」（亦見第 5 章說解）復旦整理組釋「猷」字爲「猷」，或爲形省而異。

本章整理：爲无爲，事无事，味无味。大小多少，報怨以德。圖難乎其易也，爲大乎其細也。天下之難作於易，天下之大作於細。是以聖人終不爲大，故能成其大。夫輕諾必寡信，多易必多難。是以聖人猶難之，故終无難矣。

第六十四章 守　微

茪（楚簡本）——兆（漢簡本、王弼本）

愄（楚簡本）——謀（帛書甲、漢簡本、王弼本）

楚簡本：亓安也，易枼也；亓未茪也，易愄也。（甲 25）

帛書甲：亓安也，易持也；〔亓未〕兆〔也〕，易謀〔也〕。（55-56）

漢簡本：其安，易持也；其未兆，易謀也。（74）

王弼本：其安，易持；其未兆，易謀。（12-288）

茪，從艹兆聲，古人占卜有用蓍草者，故或从艸，當與「兆」音義通可互用。《說文・卜部》：「𠧞，灼龜坼也。从卜；兆，象形。兆，古文𠧞省。」《玉篇・兆部》：「兆，事先見也。」兆有「萌」、「始」之義，《左傳・哀公元年》：「（少康）能布其德，而兆其謀，以收夏眾，……遂滅過、戈。」杜預注：「兆，始也。」字當從「兆」。

《說文・言部》：「謀，慮難曰謀。从言某聲。𧧼，古文謀。𧨌，亦古文。」段玉裁注：「鍇本不誤，从母非从毋也。母聲某聲同在一部。」《爾雅・釋言》：「謀，心也。」郭璞註：「謀慮以心。」《說文》第二個古文「𧨌」當从心，不从言，當作愄，容庚《金文編》引《中山王鼎》：「愄慮皆從。」愄即「謀」〔註1〕，義為：從其考慮和謀略。《汗簡》「謀」上從「某」下從「心」〔註2〕，

〔註 1〕 容庚編著，張振林、馬國權摹補《金文編》，北京：中華書局，1985 年 7 月，第 140 頁。

〔註 2〕 《汗簡　古文四聲韻》，李零、劉新光整理，北京：中華書局，2010 年 7 月，第 32 頁。

《古文四聲韻》引《古尚書》「謀」亦如此〔註3〕。楚系簡帛「謀」皆爲上下結構，從心，某聲、或母聲、或毋聲〔註4〕，某、母爲明母之部字，毋爲明母魚部字，之、魚旁轉，故音通可借，再加上母、毋形近，更易混淆，段玉裁說「從母非從毋」不確。《易·訟·象》：「君子以作事謀始。」孔穎達疏：「凡欲興作其事，必先謀慮其始。」與上引鼎銘一樣，「謀慮」連用。母、謀皆爲明母之部字，音同可借，故慸、謀音常互用。

　　霍（楚簡本）──胚（漢簡本）──脆（王弼本）
　　畔（楚簡本）──判（漢簡本）──泮（王弼本）
楚簡本：亓霍也，易畔也。（甲25）
漢簡本：其胚，易判也。（74）
王弼本：其脆，易泮。（12-288）
　　「脆」字，其他通行本也有作「胚」、「毳」、「臡」字者。《廣韻》：「脆，俗脃字。」既是俗字，當爲異體，實皆從人从卪。《說文·肉部》：「脃，小耎易斷也。从肉从絕省。」《說文·肉部》：「臡，耎易破也。从肉毳聲。」又《毳部》：「毳，獸細毛也。从三毛。」段玉裁注：「毛細則叢密，故從三毛，眾意也。」徐灝箋：「三毛者，蒙茸細密之皃，疊集爲用之意。」朱駿聲《說文通訓定聲》：「毳，《字林》：『毳，細羊毛也。』今蘇俗謂之底絨。」《正字通·毛部》：「毳，鳥腹毛曰毳。」「脆」、「毳」、「胚」、「臡」皆爲清母月部字。「脆」、「胚」有脆弱、容易折斷破碎之義，《管子·事語》：「無委致圍，城脃致衝。」尹知章註：「脃，不堅也。」《韓非子·揚權》：「夫，香美脆味，厚酒肥肉，甘口而疾形。」《呂氏春秋·順民》：「有甘脃不足分，弗敢食。」而「毳」、「臡」有柔軟易破之義。《管子·霸言》：「釋堅而攻臡。」《枚乘·七發》：「飲食則溫淳甘臡。」《荀子·議兵》：「事小敵毳，則偷可用也。」楊倞注：「毳，讀爲脆。」四字渾言之則無別，其用例亦如此。
　　霍，從雨從毨。毨，與甂同。《字彙·毛部》：「甂，人險爲甂毨。」脆從「危」，有危險之義，義或與霍通；又《玉篇·毛部》：「甂，毛布也。」

〔註3〕　《汗簡　古文四聲韻》，李零、劉新光整理，北京：中華書局，2010年7月，第92頁。
〔註4〕　滕壬生：《楚系簡帛文字編》，武漢：湖北教育出版社，2008年10月，第216～217頁。

毛布皆爲柔軟之物，故或與「毳」、「毷」義相通。又《集韻‧屋韻》：「毼，莫卜切，音木。鳥羽澤也。」故毼或與鳥之柔軟的羽毛相關。毼是否讀若與「脆」等四字音同，則不得而知。或許與「毼」音義同，《集韻‧屋韻》：「毼，鳥澤羽。」爲明母屋部字。毼從二毛者，或與從三毛、一毛無別，字之異體也。或與徐灝箋「毷」字義同，爲「蒙茸細密之兒，疊集爲用之意。」

至少可知的是，毼與「脆」、「脃」、「毷」、「毳」義同可通用。

畔爲並母元部字，判、泮爲滂母元部字，聲母皆爲唇音，音通可借。其他通行本有作「判」、「破」。傅奕、范應元等古本作「判」，范應元云：「判，分也。王弼、司馬公同古本。」《說文‧刀部》：「判，分也。从刀半聲。」《郭店楚墓竹簡》釋「畔」作「判」。朱駿聲《說文通訓定聲‧乾部》：「泮，叚借爲判。」泮，從水，半聲，有水之分解、分散、冰之消融之義，故不必假借爲「判」。《玉篇‧水部》：「泮，散也，破也。」《詩‧邶風‧匏有苦葉》：「迨冰未泮。」毛傳：「泮，散也。」典籍多作「泮」。「判」只有「分」、「離」之義，而「泮」有「碎」、「融」、「散」、「破」之義。因脆則易碎、奱則易破，故當從「泮」。

幾（楚簡本）──微（漢簡本、王弼本）
佟（楚簡本）──散（漢簡本、王弼本）
楚簡本：亓幾也，易佟也。（甲25）
漢簡本：其微，易散也。（74）
王弼本：其微，易散。（12-288）

《說文‧絲部》：「幾，微也。殆也。从絲从戍。戍，兵守也。絲而兵守者，危也。」《易‧繫辭下》：「幾者，動之微，吉之先見者也。君子見幾而作，不俟終日。」韓康伯注：「幾者，去無如有，理而無形，不可以名尋，不可以形睹者也。」「吉凶之彰，始於微兆。」孔穎達疏：「幾，微也，是已動之微。動，謂心動、事動、初動之時，其理未著，唯纖微而已。」《荀子‧解蔽》：「微危之幾，惟明君子二後能知之。」楊倞注：「幾，萌兆也。」幾、微義同可通用，當從通行本作「微」。

《說文·彳部》：「後，迹也。从彳戔聲。」《玉篇·彳部》：「後，跡也，履也。」《正字通·彳部》：「後、踐同。」後、散義不類。踐（後）爲從母元部，散爲心母元部，聲母皆爲舌尖前音，故音通可借。「後」乃「散」之假借字。

訵（楚簡本）——治（漢簡本、王弼本）
楚簡本：爲之於亓亡有也，訵之於亓未亂。（甲26）
漢簡本：爲之其無有也，治之其未亂也。（74-75）
王弼本：爲之於未有，治之於未亂。（12-288）

《中華道藏》中所載楚簡如此。荊門市博物館《郭店楚墓竹簡》從系，不從言，見第112頁，或第26簡，其字更應當隸作「給」。楚系文字從系從司。《汗簡》引王存義《切韻》之「治」〔註5〕及《古文四聲韻》引《義雲章》之「治」〔註6〕，從系從以。王獻唐《釋醜》：「（始）字從司聲，或司、以兩從」，「形體雖異，皆以所從之聲，變其制作，古吕（即以字）、台同音，從以亦猶從台，……以齒音求之，司、姒同音，而齒音姒字，以時間及空間關係，每與舌上音之以相混亦或讀以。」這說的其實是從「台」之字的共同點。《古文四聲韻》引《古孝經》之「治」〔註7〕從爪，應爲「治」之古文「亂」。《集韻》：「治，古作亂。」更多例證見《楚系簡帛文字編》第1106頁。絲、司爲心母之部，以（吕）餘母（喻四歸定）之部，台、給、治爲定母之部，心母和定母在諧聲字和出土文獻等常常互諧，也被認爲是複輔音聲母〔st〕的依據。

比較它本，漢簡本少一「於」字，在本句作介詞，表示行爲的時間，故當有「於」字。

盒（楚簡本）——合（王弼本）
槁（帛書甲）——毫（帛書乙、王弼本）——豪（漢簡本）

〔註5〕 《汗簡 古文四聲韻》，李零、劉新光整理，北京：中華書局，2010年7月，第37頁下b。
〔註6〕 《汗簡 古文四聲韻》，李零、劉新光整理，北京：中華書局，2010年7月，第112頁下a。
〔註7〕 《汗簡 古文四聲韻》，李零、劉新光整理，北京：中華書局，2010年7月，第112頁下a。

楚簡本：畲〔抱之木，生於毫〕末。（甲26）

帛書甲：〔合抱之木〕，作於犞末。（57）

帛書乙：〔合抱之〕木，作於毫末。（26下）

漢簡本：合抱之木，作於豪末。（75）

王弼本：合抱之木，生於毫末。（12-288）

《集韻》：「答，古作畲。」畲當爲「畲」之異體字。《篇海類編‧花木類‧竹部》：「答，合也。」《書‧洛誥》：「予旦以多子，越御事，篤前人成烈，答其師，作周孚先。」孔傳：「當其眾心。」曾運乾《正讀》：「答，合也。」此例證中的「合」爲符合之義，與「合抱之木」之「合」義有別。《汗簡 古文四聲韻》之古文「答（畲）」與「合」分屬兩字〔註8〕。

畲、畲（答）從「合」得聲，可假借。畲當爲「合」之假借字。

畲，滕壬生《楚系簡帛文字編》隸作「畬」〔註9〕，古文「會」字。蓋畲字下面的兩豎非常細。（「畬」與「合」解釋見第55章）

《說文‧希部》：「𧰼，豕，鬣如筆管者，出南郡。从希高聲。豪，籒文从豕。」帛書甲本从牛，「犞」，當爲「犞」之異體。「豪」與「毫」通，《商君書‧弱民》：「今離婁見秋豪之末，不能以明目易人。」《禮記‧經解》：「差若毫氂，謬以千里。」陸德明《經典釋文》：「豪，依字作毫。」《集韻‧豪韻》：「毫，長銳毛也。」《山海經‧西山經》：「其上有獸焉……其毫如披蓑。」《孟子‧梁惠王上》：「明足以察秋毫之末，而不見輿薪。」《莊子‧知北遊》：「秋毫爲小，待之成體。」《論衡‧案書》：「采毫毛之善，貶纖介之惡。」毫皆表示極其細微之義。豪、毫皆爲匣母宵部字，犞爲溪母宵部字，聲母皆爲喉牙音，音通可借，犞、豪爲毫之借。

城（楚簡本）──成（帛書甲乙、漢簡本）──層（王弼本）

甲（楚簡本）──作（帛書甲乙、漢簡本）──起（王弼本）

蘲（楚簡本）──贏（帛書甲）──虆（帛書乙）──㚒（漢簡本）──累（王弼本）

〔註8〕 《汗簡 古文四聲韻》，李零、劉新光整理，北京：中華書局，2010年7月，第15、139頁。

〔註9〕 滕壬生：《楚系簡帛文字編》，武漢：湖北教育出版社，2008年10月，第509頁。

楚簡本：九城之臺，甲（於虆土）。（甲 26）

帛書甲：九成之臺，作於羸土。（57）

帛書乙：九成之臺，作於虆土。（26 下-27 上）

漢簡本：九成之台，作於絫土。（75）

王弼本：九層之臺，起於累土。（12-288）

「城」「成」皆爲禪母耕部字，音同可借。《說文‧土部》：「城，以盛民也。从土从成，成亦聲。𩫏，籀文城从𩫖。」《釋名》：「城，成也。一成而不可毀也。」《說文‧戊部》：「成，就也。从戊丁聲。𢦩，古文成从午。」城爲成之借。

「成」有重、層之義。《爾雅‧釋丘》：「一成爲敦丘，再成爲陶丘。」郭璞註：「成，猶重也。」《周禮‧秋官‧司儀》：「爲壇三成。」鄭玄引鄭司農云：「三成，三重也。」賈公顏疏：「言丘上更有一丘，相重累者。」重爲定母東部字，與成聲母皆爲舌頭音，東耕旁轉，故音通可借。

《說文‧尸部》：「層，重屋也。从尸曾聲。」段玉裁注：「曾之言重也。曾祖、曾孫皆是也，故從曾之層爲重屋。《考工記》『四阿重屋』注曰：『重屋，複笮也，後人因之作樓。』《木部》曰：『樓，重屋也。』引申爲凡重疊之稱。」《玉篇‧尸部》：「層，重也。」《楚辭‧招魂》：「層臺累榭，臨高山些。」王逸注：「層，累，皆重也。」成、層皆有物之相重之義。成、層義同可通用。俗所作「層」，故字當作「層」。層爲從母耕部字，成爲禪母耕部字，聲母爲舌面前和舌尖前，即現在所說的平舌音和翹舌音，現代大多方言不能區分，故層、成或音通可借。

「甲」字當隸爲「乍」，可與楚簡前面的「化而欲作」的「作」之簡文上部「乍」形對比，其筆劃數與字形相同，字形不誤。容庚《金文編》之「乍」與楚簡一樣也有從乍從又之「作」字〔註 10〕。甲骨及金文等古鼎器銘文，「乍」皆爲「作」義。楚系簡帛文字也是「乍」爲「作」〔註 11〕。《古文四聲韻》所引「作」與「乍」雖分屬兩字，但其形基本相同〔註 12〕。林義光《文源》：

〔註 10〕 容庚編著，張振林、馬國權摹補《金文編》，北京：中華書局，1985 年 7 月，第 839 頁。

〔註 11〕 例見滕壬生：《楚系簡帛文字編》，武漢：湖北教育出版社，2008 年 10 月，第 1069 頁。

〔註 12〕 《漢簡 古文四聲韻》，李零、劉新光整理，北京：中華書局，2010 年 7 月，第 125、142 頁。

「（乍，）即『作』之古文。」《集韻‧鐸韻》：「作，《說文》：『起也。』亦省。」《墨子‧兼愛下》：「文王若日若月，乍照光於四方，於西方土。」孫詒讓《閒詁》引孫星衍云：「乍，古與『作』通。」故乍、作爲古今字；作、起同義可通用。

　　嬴爲來母歌部字；累、虆、蘲、絫爲來母微部字；「歌」、「微」旁轉，音通可借，「嬴」爲「累」、「虆」之假借字。《集韻‧脂韻》：「蘲，盛土籠。或作虆」虆爲蘲之省，《集韻‧戈韻》：「虆，盛土籠。」《孟子‧滕文公上》：「蓋歸反，虆梩而掩之。」趙岐註：「虆梩，籠臿之屬可以取土者也。」朱熹《集注》：「虆，土籠也。」《詩‧大雅‧緜》：「捄之陾陾。」毛傳：「捄，虆也。」鄭玄箋：「築牆者，捊聚壤土，盛之以虆。」「虆」即盛土石之筐。

　　《說文‧厽部》：「絫，增也。从厽从糸。絫，十黍之重也。」段玉裁注：「增者，益也，凡增益謂之積絫，絫之隸變作累，累行而絫廢。」《漢書‧吳王濞傳》：「脅肩絫足。」顏師古注：「絫，古累字。」

　　「累」有堆積（土石）之義。《晏子春秋‧內篇諫下》：「大山之高，非一石也，累卑然後高。」故「虆」、「累」義同可通用。

　　　仁（帛書甲）——千（帛書乙）——仞（漢簡本）
　　　台（帛書甲）——始（帛書乙、漢簡本、王弼本）
　　帛書甲：百仁之高，台於足下。（57）
　　帛書乙：百千之高，始於足下。（27 上）
　　漢簡本：百仞之高，始於足下。（75）
　　王弼本：千里之行，始於足下。（12-288）

　　嚴遵、遂州、敦煌辛本等作「仞」，爲「百仞之高。」仁爲日母眞部字，仞爲日母文部字，眞、文旁轉，二字音近通可借，「仁」爲「仞」之假借字。《說文‧人部》：「仞，伸臂一尋，八尺。从人刃聲。」《書‧旅獒》：「爲山九仞，功虧一簣。」孔傳：「八尺曰仞。」

　　帛書乙本「千」爲數詞，而「仞」爲量詞，義不類，「百千之高」，「千」字後或奪一「仞」字。千爲清母眞部字，與仁、仞聲母音近（舌尖中和舌面前），或音近可借。《說文‧十部》：「千，十百也。从十从人。」高鴻縉《中

國字例》：「大徐『从十从人。』小徐『从十，人聲。』『人聲』是也。从十，當爲从一。一，整數也。」人、仁皆爲日母眞部字，故能與仞音通。仁、千爲仞之借。

　　傅奕本、河上公本和王弼本作「千里之行」，與出土古本異，但意義無別，或有所本。

　　《說文・女部》：「始，女之初也。从女台聲。」台爲透母之部，始爲書母之部，舌尖中音和舌面前音近，上古皆爲舌頭音，且始從「台」得聲，故音通可借。「台」爲「始」之假借字。

　　敗（楚簡本）——敗（帛書乙、漢簡本、王弼本）
　　楚簡本：爲之者敗之。（甲 10，丙 11）
　　帛書乙：爲之者敗之。（27 上）
　　漢簡本（76）、**王弼本**（12-288）：**爲者敗之。**

　　《說文・攴部》：「敗，毀也。从攴貝。敗賊皆从貝，會意。敗，籒文敗从賏。」敗、敗當皆爲籒文「敗」之省形。《汗簡》引王存義《切韻》「敗」其中之一就寫作敗形〔註 13〕。《古文四聲韻》引《籒韻》「敗」字直接寫作敗〔註 14〕。楚系文字「敗」有近六十字寫作敗形，主要爲包山竹簡和郭店竹簡〔註 15〕，敗當爲南方楚國「敗」字的常用字形。

　　執（楚簡本）——執（帛書乙、漢簡本、王弼本）
　　遠、遊（楚簡本）——失（帛書乙、漢簡本、王弼本）
　　楚簡甲本：執之者遠之。（甲 10-11）
　　楚簡丙本：執之者遊之。（丙 11）
　　帛書乙（27 上）、**漢簡本**（76）、**王弼本**（12-288）：**執者失之。**

〔註 13〕《汗簡　古文四聲韻》，李零，劉新光整理，北京：中華書局，2010 年 7 月，第 19 頁上 a。

〔註 14〕《汗簡　古文四聲韻》，李零，劉新光整理，北京：中華書局，2010 年 7 月，第 117 頁下 b。

〔註 15〕滕壬生：《楚系簡帛文字編》，武漢：湖北教育出版社，2008 年 10 月，第 308 ～310 頁。

　　《汗簡》引《王庶子碑》「執」作**^埶**〔註16〕；《古文四聲韻》引《古老子》「執」亦作**^埶**〔註17〕。楚系簡帛「執」亦多作**^埶**〔註18〕。

　　《說文‧女部》：「娙，至也。从女執聲。《周書》曰：『大命不娙。』讀若摯同。一曰《虞書》雉娙。」關於「雉娙」，段玉裁注云：「此別一義，謂娙即今贄字，引《堯典》『一死贄』以明之。鄭康成曰：『贄之言至，所以自致。』是其義相近。」《正字通‧女部》：「娙，篆作娙，舊本省作娙。」娙、**^埶**爲異體字。但娙、執義有所別。皆爲章母緝部字，故音同可借，娙乃執之借。

　　遊字，在簡文中當從从辵從止從羊（或從羍）（見滕壬生《楚系簡帛文字編》第 1004 頁，楚系文字皆讀爲「失」）。「遠」上之「土」在其古文形中爲「止」，故此字「遊」或爲「達」之另體。《說文‧辵部》：「達，行不相遇也。从辵羍聲。《詩》曰：『挑兮達兮。』达，達或从大。或曰迭。」「行不相遇」本有錯過、錯失之義；又「或曰迭」，「迭」從「失」得聲，達爲定母月部字，迭爲定母質部字，失爲書母質部字，聲母皆爲舌頭音，質、月旁轉，故「達」、「迭」、「失」音通可借。从辵從止，皆爲「走」義，加「羊」符，則爲羊行不相遇而走失之義。遊、迭皆當作會意字解。「迭」會意爲「走失」，又與「失」音通，故「迭」、「遊（或爲『達、逹)』字）」音義通，可讀爲「失」音。《郭店楚墓竹簡》註釋云：「遊，……此字楚文字中屢見，皆讀爲『失』。」

　　「遠」有違背之義，《方言》卷六：「伆、邈，離也。楚謂之越，或謂之遠，吳越曰伆。」郭璞注：「（遠）謂乖離也。」《漢書‧公孫弘傳》：「故法不遠義，則民服而不離；和不遠禮，則民親而不暴。」顏師古注：「遠，違也。」「遠」亦可訓爲「失」，「遠義」爲「失義」；「遠禮」即「失禮」。故遠、失義通可互用。

〔註16〕《汗簡　古文四聲韻》，李零，劉新光整理，北京：中華書局，2010 年 7 月，第 35 頁下 b。

〔註17〕《汗簡　古文四聲韻》，李零、劉新光整理，北京：中華書局，2010 年 7 月，第 141 頁上 a。

〔註18〕滕壬生：《楚系簡帛文字編》，武漢：湖北教育出版社，2008 年 10 月，第 888 ～889 頁。

但此處「遠」之古文形，亦有可能隸作「達（或从辵從土從羊）」，爲「達」字之異體。

（第 13 章亦有此字，讀爲「失」）

虞（楚簡丙本）──亓（帛書甲乙）──其（漢簡本）──幾（王弼本）

楚簡丙：人之敗也，**死**於丌虞成也敗之。（丙 12）

帛書甲：民之從事也，恒於亓成事而敗之。（58）

帛書乙：民之從事也，恒於亓成而敗之。（27 下）

漢簡本：民之從事也，恒於其成事而敗之。（77）

王弼本：民之從事，常於幾成而敗之。（12-288）

傅奕（《道藏》11-487）、范應元本（《中華道藏》11-548）：民之從事，常於其幾成而敗之。

《說文・虍部》：「虞，虎不柔不信也。从虍且聲，讀若鄜縣。」《師虎簋》、《白觶》、《郘公簋》「且」字下從「又」，故「虞」當爲虞之省形，爲從母耕部字，且爲清母魚部字，聲母皆爲舌尖前音，虞從「且」得聲，故與「且」音通可借。虞乃「且」之假借字。裴學海《古書虛字集釋》卷八：「且，猶幾也，將也，近也。」《戰國策・齊策三》：「福三國之軍，兼二周之地，舉韓氏取其地，且天下之半。」鮑彪注：「且，猶幾。」《詩・齊風・雞鳴》：「會且歸矣，無庶予子憎。」《史記・項羽本紀》：「范增謂項莊曰：『若屬且爲所虜。』」

高明：「上古『幾』字聲在見紐，韻屬微部；『其』在群紐、之部。見、群同聲，之、微通轉，『幾』、『其』古音相同通假。《爾雅・釋詁》：『幾，近也。』『幾成』乃『近於成功』之謂。馬敘倫云：『倫謂『其』即『幾』也，『其』、『幾』古通。《詩・楚茨》『如幾如式』，毛傳曰：『幾，期也。』此其例證。』河上公注：『民人爲事，常於功德幾成而貪位好名，奢泰盈滿，而自敗也。』按『其』乃『幾』之借字，當從王弼本作『常於幾成而敗之』。」〔註 19〕

虞與「且」音通可借。「且」與「幾」義通可互用。「幾」與「其」音通可借。

楚簡丙本「人之敗也」，帛書本、漢簡本以及通行本皆作「民之從事也」，前後語義沒有多大區別，或各有所本。楚簡甲本無此兩句，或爲抄寫時漏奪

〔註 19〕 高明：《帛書老子校注》，北京：中華書局，1996 年，第 139 頁。

了。另外，在「慎終若始」前，楚簡甲本有「臨事之記」，它本皆無，當從眾本。本段順序，當從帛書本、漢簡本。根據楚簡丙本，當改定爲「民之從事也，恒於其幾成也敗之。」

後一「也」字，在句中表示承接關係，有引起下文的作用，《左傳‧襄公三十一年》：「子產之從政也，擇能而使之。」同時也有表語氣停頓的作用，《顏氏家訓‧書證》：「也，其閒字有不可得無者。」王引之《經傳釋詞》卷四：「也，有在句中助語者。」《詩‧秦風‧權輿》：「於我乎！夏屋渠渠，今也每食無餘。」句中「也」既表示語氣的停頓，也表示承接轉折引起對比：今不如昔。「而」字也有此功能，楊樹達《詞詮》卷十：「而，轉接連詞，可譯爲『然』及今語之『却』。」《論語‧先進》：「季氏富於周公，而求也爲之聚斂而附益之。」翻譯爲：「季氏比周公還富有，但是冉求啊却爲他聚斂且增加更多的財富。」句中的「也」與第一個「而」字都有轉接的作用，「也」也有停頓語氣的作用，與「人們在從事一件事情的時候，常常在其快要成功的時候啊却失敗了。」一樣。

鈝、鈝（楚簡本）──慎（帛書甲乙、漢簡本、王弼本）
忞、詞（楚簡本）──始（帛書甲乙、漢簡本、王弼本）
楚簡甲本：臨事之記，**鈝**各女忞。（甲 11）
楚簡丙本：鈝夂若詞。（丙 12）
帛書甲：故慎終若始。（58）
帛書乙：故曰：慎夂若始。（27 下）
漢簡本：故慎終如始。（77）
王弼本：慎終如始。（12-288）

《說文‧心部》：「慎，謹也。从心眞聲。昚，古文。」古文「昚」應從「亦」從「曰」，《汗簡》所引「慎」〔註20〕及《古文四聲韻》引《古老子》、《古尚書》之「慎」〔註21〕，皆從亦從曰之形。「亦」爲人之腋下之形，「曰」爲言詞，會意爲藏言詞於腋下之意，表示謹慎其言詞也。楚簡**鈝**字有五種寫

〔註20〕 《汗簡　古文四聲韻》，李零、劉新光整理，北京：中華書局，2010 年 7 月，第 19 頁下 a。
〔註21〕 《汗簡　古文四聲韻》，李零、劉新光整理，北京：中華書局，2010 年 7 月，第 118 頁下 b。

法〔註22〕。其字主要的特點是皆從言從斤，亦爲會意字，表示斤（斧）正其言也。其字的運用也多與言行有關。如《郭・緇・三〇》：「愼尔出話。」又《三二》：「叔愼尔止。」又《三三》：「則民愼於言。」《上（一）・緇・一七》：「則民愼於（言）而謹於行。」《上（二）・從（甲）・四》：「是故君子愼言而不愼事。」《上（一）・性・三九》：「愼，慮之方也。」《郭・性・二七》：「其反善復始也愼。」《郭・成・三》：「敬愼以主之。」《郭・成・三八》：「言愼求之於己。」

故字當爲「訢」。《漢書・石奮傳》：「僮僕訢訢如也，唯謹。」顏師古注：「此訢讀與誾誾同，謹敬之貌也。」《後漢書・張輔傳》：「前入侍講，屢有諫正，誾誾惻惻，出於誠心。」訢爲曉母文部，愼爲禪母眞部，曉母與禪母也能互諧，如帛書《老子》甲本：「將欲拾（翕）之，必固張之。」拾、翕即是，此是見組與章組字的互諧，前文已有說明。

在楚系文字中，從「台」之字似可以通用。如上文帛書甲本的「百仁之高，台於足（下）」之「台」，借用作「始」。楚簡甲本此處的「始」，從心作怠，當隸作「怡」，爲餘母之部、始爲書母之部；而丙本第 12 簡從言作詒，當隸作「詒」。從心之怠，也可借作從水之「治」，如《上（二）・從（甲）・九》：「政之所怠（治）也。」義符似被弱化，而專以聲符爲主，此蓋即王獻唐《釋醜》所說的「形體雖異，皆以所從之聲，變其制作。」《汗簡 古文四聲韻》從「台」之字也有這樣的特點，但多從「以「聲；而楚系簡帛從「台」之字多爲「司」聲。就其形來看，或作「司、以兩從」，亦無不可。台爲定母之部，以爲餘母（喻四歸定）之部，司爲心母之部，上文已分析過，餘母在諧聲字和古文獻中牙音、齒音、舌音都能相諧。

此（楚簡甲本）——則（帛書甲乙、漢簡本、王弼本）
矣（楚簡甲本、帛書乙、漢簡本）——壴（楚簡丙本）
楚簡甲本：此亡敗事矣。（甲 11）
楚簡丙本：則無敗事壴。（丙 12）
帛書甲：則〔无敗事矣〕。（58-59）

〔註22〕廖名春：《郭店楚簡老子校釋》，北京：清華大學出版社，2003 年 6 月，第 121 頁。

帛書乙（27 下）、漢簡本（77）：則无敗事矣。

王弼本：則無敗事。（12-288）

「此」與「則」義有所通，表示「如此則」、「這樣就」，承接上文，相當於副詞「則」、「乃」、「就」。《禮記‧大學》：「有德此有人，有人此有土，有土此有財，有財此有用。」

又，「此」為清母之部字，「則」為精母職部字，聲母皆為舌尖前音，「之」、「職」對轉，故「此」與「則」音通可借。

壴，《郭店楚墓竹簡》註釋：「簡文字形與金文『喜』字形近。讀作『矣』。裘按：簡文似以『壴』為『喜』。」

《說文‧喜部》：「喜，樂也。從壴從口。」朱駿聲《說文通訓定聲》：「聞樂則樂，故從壴；樂形於譚笑，故從口。」故「壴」或為「喜」之省。《說文‧壴部》：「壴，陳樂，立而上見也。從屮從豆。」《說文‧矢部》：「矣，語已詞也。從矢㠯聲。」段玉裁注：「已，止也。其意止，其言曰矣，是為意內言外。」壴、矣義似不相類。喜為曉母之部；矣為匣母之部，聲母皆為舌面前音，音同可借。且「矣」在楚系簡帛中多借為「壴」字〔註 23〕。故「壴」乃「矣」之假借字。

「慎終如始」為當時之成語，當在《詩》的時代即有之。《詩‧大雅‧蕩》有云：「靡不有初，鮮克有終。」即其反面來說的，也是「民之從事也，恒於其幾成而敗之」之義。《逸周書‧常訓》：「慎微以始而敬終，終乃不因（困）。」《左傳‧襄公二十五年》：「《書》曰：『慎始而敬終，終以不困。』」《荀子‧義兵》：「慎終如始，始終如一，夫是之謂大吉。」《禮記‧表記》：「子曰：事君慎始而敬終。」《禮記‧祭統》：「古之人有言曰：善終者如始。」《韓詩外傳》：「官怠於有成，病加於小愈，禍生於懈惰，孝衰於妻子。察此四者，慎終如始。」後來的《增廣賢文》也有類似的表述：「出家如初，成佛有余。」及人們常說的：「出家一年，佛在心裏；出家兩年，佛在大殿；出家三年，佛在天邊。」為同一道理的相反表達。

〔註 23〕滕壬生：《楚系簡帛文字編》，武漢：湖北教育出版社，2008 年 10 月，第 481～482 頁。

貨（楚簡本、帛書乙、漢簡本、王弼本）──賸（帛書甲）

季（楚簡本）──學（楚簡丙本、帛書甲乙、漢簡本、王弼本）

徃（楚簡甲本）──迊（楚簡丙本）──過（帛書甲乙、漢簡本、王弼本）

楚簡甲本：聖人谷不谷，不貴難昙之貨；季不季，復眾之所徃。（甲 11-12）

楚簡丙本：是以〔聖〕人欲不欲，不貴戁昙之貨；學不學，復眾之所迊（丙 12-13）

帛書甲：〔是以聖人〕欲不欲，而不貴難得之賸；學不學，而復眾人之所過。（59）

帛書乙：是以取人欲不欲，而不貴難得之貨；學不學，而復眾人之所過。（27 下-28 上）

漢簡本：是以聖人欲不欲，不貴難得之貨；學不學，而復眾人之所過。（77-78）

王弼本：是以聖人欲不欲，不貴難得之貨；學不學，而復眾人之所過。（12-288）

《馬王堆漢墓帛書（壹）》註釋：「賸，各本作貨。《說文》貝部：『賹，資也。从貝為聲。或曰：此古貨字。』此從肉，誤。」〔註 24〕「為」屬匣母歌部、「化」屬曉母歌部，聲母皆為舌面後音，故音通可互用（例見前）。

《郭店楚墓竹簡》註釋：季，《古文四聲韻》引《古老子》釋作「學」。《汗簡》、《古文四聲韻》引郭昭卿《字指》「教」字與簡文同。《說文》和《汗簡》古文「教」均從季或從季省。據此可知簡文當釋作「教」，簡文「行不言之教」之「教」字亦作此形。簡文另有「學」字。「教」、「學」兩字音形俱近，故易混用。〔註 25〕

丁原植：「各本此處作『學』疑為誤字。……『教不教』，指聖人所表現的教道是非領引的，所以，能恢復眾人離逸其本然的過失。這應當就是簡文甲本對應王弼本第 2 章所說的：『是以聖人居亡為之事，行不言之季』，均與『天下眾人』之事有關。若作『學不學』，則指『聖人』自己的『學習』，就與『復

〔註 24〕 國家文物局古文獻研究室：《馬王堆漢墓帛書》〔壹〕，北京：文物出版社，1980 年，第 8 頁。

〔註 25〕 荊門市博物館：《郭店楚墓竹簡》，北京：文物出版社，1998 年 5 月，第 115 頁。

眾人之所過』的關聯性不大。《老子》原文當爲『教不教』，這是對『眾人』的『教』，而不是聖人的『學』。《老子》屢言『不言之教』，可作爲『教不教』的明證。」〔註26〕

　　上面楚簡註釋從文字上來辨，丁從義理上來證，楚系文字之「教」與「學」區分甚明，用字不混〔註27〕。楚簡本可從「教」。但教與學義有相通之處。《說文·教部》：「教，上所施下所效也。」段玉裁注：「上施，故從攴；下效，故從𡥈。」上施，即教也；下效，即學也，故楚簡甲本當作「學」。「教」兼教、學兩意。《說文》：「斅，覺悟也。从教从冂。冂，尚矇也。臼聲。學，篆文斅省。」斅亦從攴，人持爻以教子，故有「教」意；子學爻於人前以啓蒙覺悟也。故斅亦有教、學二義。欲不欲、教不教或學不學，講的都是以自然無爲來行事，從此來看，用「教」與用「學」無別。嚴遵《指歸》云：「夫使神擾精濁、聰明不聽、動失所求、靜喪所欲者，貨與學也；唯能鍊情易性、變化心意、安無欲之欲、樂無事之事者，道與德也。……明白四達以學不知，巧雕萬物以學不能，反眾人之所務而歸乎虛無；欲不欲而造玄虛，學不學而窮妙極。」其義以「學不學」爲尚，深得《老子》之旨意。帛書本、漢簡本及通行本皆作「學」，且楚簡丙本在甲本後，與之年代相去不遠，當有所承襲。故當從之，毋擅改。

　　止、辶與「足」、「走」有關，辶同辵。《說文·辵部》：「辵部，乍行乍止也。从彳从止。」又《止部》：「止，下基也。象艸木出有址，故以止爲足。」止象足趾之形。止、辶義同，故𡉈、迆當爲一字之異體。化爲曉母歌部，冎爲溪母歌部，過爲見母歌部，聲母皆爲舌面後音，音通可借。今本《老子》第12 章：「難得之貨」的「貨」，帛書甲本作貰，即其證。𡉈、迆當爲「過」之假借字。

　　　能（楚簡甲丙、帛書甲乙）——以（漢簡本、王弼本）
　　　尃（楚簡甲）——榑（楚簡丙）——輔（帛書甲乙、漢簡本、王弼本）

〔註26〕丁原植：《郭店竹簡老子釋析與研究》，臺北：萬卷樓圖書有限公司，1998 年，第 74 頁。
〔註27〕滕壬生：《楚系簡帛文字編》，武漢：湖北教育出版社，2008 年 10 月，第 320 〜322 頁。

萬（楚簡甲、帛書甲乙、漢簡本、王弼本）──釐（楚簡丙）

能（楚簡甲）──敢（楚簡丙、帛書甲乙、漢簡本、王弼本）

楚簡甲本：是古聖人能專萬物之自狀，而弗能爲。（甲 12-13）

楚簡丙本：是以能栖釐勿之自狀，而弗敢爲。（丙 13-14）

帛書甲：能輔萬物之自〔然，而〕弗敢爲。（59-60）

帛書乙：能輔萬物之自然，而弗敢爲。（28 上）

漢簡本：以輔萬物之自然，而弗敢爲。（78）

王弼本：以輔萬物之自然，而不敢爲。（12-288）

　　能，可作連詞用，表示前後轉折或相承的關係，相當於「而」。本文此處表承接。《易·履》：「眇能視，跛能履」李鼎祚《集解》引虞翻曰：「能，本作而。」《詩·衛風·芄蘭》：「雖則佩觿，能不我知。」王引之《經傳釋詞》：「古字多借能爲而。」本文此處表承接關係。《說文·能部》：「能，熊屬。足似鹿。从肉㠯聲。能獸堅中，故稱賢能；而彊壯，稱能傑也。」「能」從「㠯」得聲，「㠯」即「以」之古文。邵英《群經正字》：「《詩·何人斯》釋文：㠯，古以字。《漢書》以皆作㠯。張謙中曰：㠯，秦刻作以。《說文》不加人字。」能爲泥母蒸部字，以爲餘母之部字，聲母皆爲舌尖中音（上古舌頭音），「之」、「蒸」對轉，音通可借。「以」作連詞有「而」義。王引之《經傳釋詞》卷一：「以，猶而也。」故「能」、「以」音義通，可互用。

　　《說文·寸部》：「專，布也。从寸甫聲。」容庚《金文編》：「專，孳乳爲敷。《毛公鼎》：『專命於外』。」《正字通·寸部》：「專，敷本字……楷僞作敷。」李斯《繹山刻石》：「既獻秦成，乃降專惠。」《史記·司馬相如列傳》：「旁魄四塞，雲專霧散。」萬物之自然無需敷布，皆因人有主觀能動性，即有爲之過，故須因順自然，與道和自然並行不悖，猶從旁輔助之，而不敢爲。嚴遵《指歸》云：「反眾人之所務而歸乎虛無……天下大覆，與神運轉，輔天助地，不敢生善。」《篇海類編·花木類·木部》：「栖，木欑也。」爲木叢聚之義。專爲滂母魚部；輔爲並母魚部，聲母皆爲唇音。專、栖、輔皆從「甫」得聲。音通可借。專、栖乃「輔」之假借字。

　　釐當爲萬之異體字。《太一生水》、上博竹簡等「萬」字皆作釐〔註28〕。

〔註28〕滕壬生：《楚系簡帛文字編》，武漢：湖北教育出版社，2008 年 10 月，第 1205 ～1206 頁。

敢，《說文·夊部》：「敨，進取也。从夊古聲。設，籀文敨。敢，古文敨。」
段玉裁注：「今字作敢，設之隸變。」「敢」之籀文設從肉，「能」亦從肉，故
「敢」、「能」義通。敢表示有膽量某事，能表示有能力、能量做某事，義有
所同。故可互用。

本章整理：其安也，易持也；其未兆也，易謀也；其脆也，易泮也；其
微也，易散也。爲之於其未有也，治之於其未亂也。合抱之木，生於毫末；
九層之臺，作於累土；百仞之高，始於足下。爲之者敗之，執之者失之。是
以聖人无爲也，故无敗也；无執也，故无失也。民之從事也，恒於其幾成也
敗之。故愼終若始，則无敗事矣。是以聖人欲不欲，不貴難得之貨；學不學，
復眾人之所過，以輔萬物之自然而弗敢爲。

第六十五章　淳　德

知（帛書甲乙）——智（漢簡本）——治（王弼本）

德（帛書甲乙、漢簡本）——福（王弼本）

帛書甲：故以知知邦，邦之賊也；以不知知邦，邦之德也。（60-61）

帛書乙：故以知知國，國之賊也；以不知知國，國之德也。（28下）

漢簡本：故以智智國，國之賊也；不以智智國，國之德也。（79-80）

王弼本：故以智治國，國之賊；不以智治國，國之福。（12-288）

　　智、知爲端母支部；治爲定母之部，聲母爲舌尖中音，「之」、「支」旁轉。音通可借。知、治皆有主管之義。《字彙·矢部》：「知，《增韻》：主也。今之知府、知縣，義取主宰也。」《易·繫辭上》：「乾知大始。」《左傳·襄公二十六年》：「公孫揮曰：『子產其將知政矣，讓不失禮。』」魏了翁《讀書雜抄》：「後世官制上『知』字，如知府、知縣，始此。」《國語·越語》：「有能助寡人謀而退吳者，吾與之共知越國之政。」《管子·君臣下》：「治斧鉞者不敢讓刑，治軒冕者不敢讓賞。」于省吾《新證》：「治斧鉞者即司斧鉞者，治軒冕者即司軒冕者。」司即主之義。《論語·憲問》：「仲叔圉治賓客，祝鮀治宗廟，王孫賈治軍旅。」《荀子·天倫》：「心居中虛以治五官，夫是之謂天官。」《內經·素問·太陰陽明論》：「脾者土也，治中央。」王冰注：「治，主也。」故知、治音義皆通可互用。

　　《說文·白部》：「𣉻，識詞也。从白，从亏，从知。」段玉裁注：鍇曰：亏亦气也。按：从知會意，知亦聲。「徐灝箋：知𣉻本一字，𣉻隸省作智。」《釋名·釋言語》：「智，知也，無所不知也。」《孟子·公孫丑上》：「是非之心，智之端也。」《墨子·耕柱》：「豈能智數百歲之後哉？」又《經說下》：「逃臣不智其處，狗犬不智其名也。」

智、知爲治之借。

《玉篇》：「德，福也。」《廣韻・德韻》：「德，福也。」《禮記・哀公問》：「敢問人道誰爲大？孔子愀然作色而對曰：『君之及此言也，百姓之德也。』」鄭玄注：「德，猶福也。」孔穎達疏：「言君今問此人道之大，欲憂恤於下，是百姓受其福慶。」《國語・晉語》：「夫德，福之基也。」

故德、福義通。福從德來，德可用作福。

稽（帛書甲乙、王弼本）——楷（漢簡本、其它通行本）

帛書甲乙：恒知此兩者，亦稽式也。（61，28下-29上）

漢簡本：恒智此兩者，亦楷式。（80）

王弼本：知此兩者，亦稽式。（12-288）

陸德明《經典釋文》：「稽式，嚴、河上作『楷式』。」《道藏》宋張太守《彙刻四家注》引王弼注：「楷，同也。今古之所同，則不可廢，能知楷式，是謂玄德。」是王弼本或作「楷」。

稽、楷皆爲溪母脂部，故音同可借。《說文・稽部》：「稽，留止也。從禾從尤，旨聲。」復旦整理組甲本釋作「稽」，乙本釋作「稭」。徐鍇《說文繫傳》：「禾，木之曲止也；尤者，異也。有所異處，必稽考之；考之，即遲留也。」孔廣居《疑疑》：「禾，木之曲頭止不能上者也；尤者，色之美者也；旨，食之美者也。美食美色皆足以留滯人。此三體會意也。」一般選種，皆留優質品種。稽之初義蓋即此意。以異於其它的優質品種爲考核、留用的法式、模範，並以此爲標準作爲去留的選擇。《荀子・儒效》：「千舉萬變，其道一也，是大儒之稽也。」《馬王堆漢墓帛書・經法・道法》：「無私者知，至知者爲天下稽。」《說文・木部》：「楷，木也。孔子冢蓋樹之者。從木皆聲。」段玉裁注：「《皇覽》云，冢塋中，樹以百樹，皆異種。傳言弟子各持其方樹來種之。按：楷亦方樹之一也。」楷樹爲黃連木，因其質地優良，被喻爲品格剛正，亦爲典範、法式之意。《廣雅・釋詁一》：「楷，法也。」《釋詁四》：「楷，式也。」《禮記・儒行》：「今世行之，後世以爲楷。」鄭玄注：「楷，法式也。」故「稽」與「楷」音義皆同，可互用。本文之義爲：能知其選擇智與不智，留用其優良典範者，可以說是玄德。《說文・工部》：「式，法也。從工弋聲。」從稽、楷的釋義以及其與「式」的搭配來看，稽當爲楷之借，當從「楷」。

此（帛書甲）──是（帛書乙、漢簡本、王弼本）

矣（帛書甲、王弼本）──也（帛書乙）

帛書甲：此謂玄德，玄德深矣，遠矣，與物反矣，乃〔至大順〕。(61)

帛書乙：是胃玄德，玄德深矣，遠矣，〔與〕物反也，乃至大順。(29上)

漢簡本：是謂玄德，玄德深矣，遠〔矣，與物反矣，乃至大順〕。(80)

王弼本：是謂玄德，玄德深矣，遠矣，與物反矣，然後乃至大順。(12-288)

此爲清母支部，是爲禪母支部。聲母皆爲齒音，一爲舌尖前音，一爲舌面前音。聲近韻同。

《廣雅·釋言》：「是，此也。」《易·乾·文言》：「不見是而無悶。」「是故居上位而不驕。」《論語·述而》：「子於是日哭，則不歌。」孔穎達疏：「言孔子於是日聞喪，或弔人而哭，則終是日不歌也。」此、是借爲代詞，在句子中表示近指。林義光《文源》：「此者，近處之稱。近處即其人所止之處也。」《爾雅·釋詁下》：「茲，此也。」邢昺疏：「此者，對彼之稱。言近在是也。」呂叔湘《文言虛詞·附錄》：「此，這個。指人，指物，指時，指事。」《六書故》：「此，猶茲也，斯也。」《大學》：「此謂知本。」此、是音義皆通可互用。

《說文·矢部》：「矣，語已詞也。从矢以聲。」段玉裁注：「矣，止也。其意止，其言曰矣，是爲意內言外。」《荀子·勸學》：「吾嘗終日而思矣，不如須臾之所學也。」《玉篇·乁部》：「也，所以窮上成文也。」《顏氏家訓·書證》：「也，是語已及助句之辭，文籍備有之矣。」在本段文中，「與物反」與上文「深」、「遠」是平行的語義，還沒有窮上成文，最後的「乃至大順」爲結尾句，即是窮文句。再從諧韻看，矣爲匣母之部，也爲餘母歌部，之、歌韻有相隔，當從「矣」字爲上。當然，矣、也皆爲「語已及助句之辭」，可互用，本段也是如此，互用并無障礙。傅奕本用「矣」，可從眾，語韻也協調。

最後一句，傅奕本爲：「乃復至於大順。」

本章整理：古之爲道者，非以明民也，將以愚之也。夫民之難治也，以其智也。故以智治國，國之賊也；以不智治國，國之德也。恒知此兩者，亦稽式也。恒知稽式，是謂玄德。玄德深矣，遠矣，與物反矣，乃至大順。

第六十六章　後　己

百（楚簡本）──百（帛書甲乙、漢簡本王弼本）

　　楚簡本：江海所以能爲百浴王，以亓能爲百浴下，是以能爲百浴王。（甲 2）

　　帛書甲：〔江〕海之所以能爲百浴王者，以亓善下之，是以能爲百浴王。（61-62）

　　帛書乙：江海所以能爲百浴王〔者，以〕亓善下之也，是以能爲百浴王。（29 上-29 下）

　　漢簡本：江海之所以能爲百谷王者，以其善下之也，故能爲百谷王。（81）

　　王弼本：江海所以能爲百浴王者，以其善下之，故能爲百谷王。（12-288）

　　《說文·白部》：「百，十十也。從一白。數，十百爲一貫。相章也。百，古文百從自。」楚系文字「百」從古文「百」，大多在其上加一橫〔註1〕，本處亦如是。

　　才（楚簡本）──（在）

　　㦲（楚簡本）──先（帛書甲乙、漢簡本、王弼本）

　　遃（楚簡本）──後（帛書甲乙、王弼本）

　　上（楚簡本、帛書甲乙、王弼本）──高（漢簡本）

　　楚簡本：聖人之才民㦲也，以身遃之；亓才民上也，以言下之。（甲 3-4）

〔註 1〕　滕壬生：《楚系簡帛文字編》，武漢：湖北教育出版社，2008 年 10 月，第 355～357 頁。

帛書甲：是以聖人之欲上民也，必以亓言下之；亓欲先〔民也〕，必以亓身後之。（62-63）

帛書乙：是以取人之欲上民也，必以亓言下之；亓欲先民也，必以亓身後之。（29 下-30 上）

漢簡本：是〔以聖〕人之欲高民也，必以其言下之；其欲先民也，必以其身後之。（81-82）

王弼本：是以欲上民，必以言下之；欲先民，必以身後之。（12-288）

《說文・土部》：「在，存也。从土才聲。」「在」與「才」皆爲從母之部，故音同可借。甲骨文中「在」、「才」或同形。《古文四聲韻》引《古老子》「在」〔註 2〕與引《華嶽碑》「才」同形，引《古孝經》「才」亦同形而反〔註 3〕；亦與《漢簡》「才」形同。楚系文字中「在」皆作古文「才「形」〔註 4〕，在、才、哉三字古文通用。故在、才古文同源，或爲同一字。

《廣韻》：「歬，古文『前』字。」《玉篇・止部》：「歬，今作『前』。」南朝梁元帝《燕歌行》：「黃龍戍北花如錦，元菟城歬月似蛾。」《說文・止部》：「歬，不行而進謂之歬。从止在舟上。」

《正字通・刀部》：「前，先也。」《禮記・檀弓》：「我未之前聞也。」《周禮・天官・太宰》：「祀五帝……前期十日，帥執事而卜日。」陸德明《經典釋文》：「前，本或作先。」《說文・先部》：「先，前進也。从儿从之。」段玉裁注：「凡言前者，緩詞；凡言先者，急詞也。」楊樹達《積微居小學述林》：「按：古之與止爲一文。龜甲文先字多从止……止爲人足。先从儿（古人字），从止，而義爲前進，猶見从人目義爲視，企从人止而義爲舉踵。」《論語・先進》：「先進於禮樂，野人也；後進於禮樂，君子也。」前、歬爲從母元部，先爲心母文部，文、元旁轉，前、先音通可借。

故歬（前）、先音義通可替代。

〔註 2〕 《汗簡 古文四聲韻》，李零、劉新光整理，北京：中華書局，2010 年 7 月，第 101 頁上 b。

〔註 3〕 《汗簡 古文四聲韻》，李零、劉新光整理，北京：中華書局，2010 年 7 月，第 75 頁下 a。

〔註 4〕 滕壬生：《楚系簡帛文字編》，武漢：湖北教育出版社，2008 年 10 月，第 560 ～562 頁。

《說文·彳部》：「後，遲也。从彳幺夊者，後也。逡，古文後从辵。」林義光《文源》：「幺，古文玄，繫也。夊象足形，足有所繫，故後不得前。」辵，《說文》：「从彳从止。」故逡、後為古今字，異體字。

《說文·丄部》：「丄，高也。此古文上，指事也。凡丄之屬皆从丄。上，篆文丄。」段玉裁改作「二」，注云：「古文上作二，故『帝』下，『旁』下，『示』下皆云：从古文上。可以證古文本作二，篆作丄。各本誤以丄為古文。」商承祚《說文中之古文考》：「段改丄為二，是也。甲骨文、金文皆同。」《詩·周頌·敬之》：「無曰高高在上。」《說文·高部》：「高，崇也。象臺觀高之形。从冂口。與倉、舍同意。」孔廣居《疑疑》：「象樓臺層疊形，𠆢象上屋，冂象下屋，口象上下層之戶牖也。」《書·太甲》：「若升高必自下。」《玉篇·高部》：「高，上也。」《禮記·曲禮上》：「不登高，不臨深。」故高與上義同可互用。

厚（楚簡本）——重（帛書甲乙、漢簡本、王弼本）
𣌾（楚簡本）——害（帛書甲乙、漢簡本、王弼本）
楚簡本：亓才民上也，民弗厚也；亓才民前也，民弗𣌾也。（甲 4）
帛書甲：故居前而民弗害也，居上而民弗重也。（63）
帛書乙：故居上而民弗重也，居前而民弗害。（30 上）
漢簡本：是以居上〔而〕民弗重，居前而民弗害也。（82-83）
王弼本：是以聖人處上而民不重，處前而民不害。（12-288）

厚，《汗簡 古文四聲韻》古文「厚」上多從「后」，下或從「土」，或從「子」。甲骨文、金文從厂（或石）從𣅀。楚系文字「厚」，下部或為「丰」形，或為「戈」形，或為「子」形，或為「土」形，等等，不一而足〔註5〕。按其字形、文義，再和傳世本相比較，皆當隸定為「厚」。《說文·𣅀部》：「厚，山陵之厚也。从𣅀从厂。垕，古文厚从后土。」《韻會》：「𣌾，古文厚字。」所謂「山陵之厚」當由土、石組成。何琳儀：「厚，金文……上從石，下從不詳。戰國文字從石，從土，會土石厚重之意。秦文字下似從子形。」金文下當從「阜（𨸏）」，義為大土山，如《釋名·釋山》：「土山曰阜，言高厚也。」

〔註5〕滕壬生：《楚系簡帛文字編》，武漢：湖北教育出版社，2008 年 10 月，第 522～523 頁。

《詩・小雅・天保》：「如山如阜。」或象「𦉭」、「𦉶」之形，爲土山，或城郭之義。從「子」，或爲秦隸變之僞。

厚與重義同。《左傳・宣公二年》：「晉靈公不君，厚斂以彫牆。」《漢書・食貨志》：「乏將厚取於民。」顏師古注：「厚，猶多也，重也。」《說文》：「重，厚也。」《易・繫辭上》：「夫茅之爲物薄，而用可重也。」《淮南子・俶眞》：「九鼎重味。」高誘注：「重，厚也。」

重在本文義爲累、負擔。《詩・小雅・無將大車》：「無思百憂，祇自重兮。」鄭玄箋：「重，猶累也。」

畵，《郭店楚墓竹簡》註釋：「簡文『害』，從『丰』從『目』，『丰』聲。裘按：疑即『𥣡』字，讀爲『害』。《說文》無『𥣡』，謂『憲』字從『害』省聲。」

雖然「憲」與「害」音能相通（憲爲曉母元部字，害爲匣母月部字），金文「憲」也有不從心者，但簡文此處畵卻不能隸作「憲」或「害」的借字。楚系文字中僅此一例，或可當做個案而有誤寫之疑。且其上部有不同於「宀」形，與《郭店楚簡・語叢四》第 21 簡：「而民弗—（害）也」和《郭店楚簡・老子丙》第 4 簡：「往而不—（害）」之「害」古文形上部同。「憲」字也有從害從心之「𢙂」，《玉篇・心部》：「（『𢙂』字），同『憲』。」故「（從害從心字）」與「憲」爲一字異體。故畵與「害」也當爲一字之異體。「害」字下部從目不從口不爲誤字，而是「害」之異體。

《說文・宀部》：「害，傷也。从宀从口。宀、口，言從家起也。丰聲。」徐曰：「禍嘗起於家，生於忽微，故害從宀。」在本文中，害當作妨礙之義，《字彙・宀部》：「害，妨也。」《左傳・桓公六年》：「謂其三時不害而民和年豐也。」《漢書・董仲舒傳》：「賢才雖未久，不害爲輔佐。」顏師古注：「害，妨也。」

𣤙（楚簡本）──樂（帛書甲乙、漢簡本、王弼本）

進（楚簡本）──隼（帛書甲）──誰（帛書乙）──推（漢簡本、王弼本）

詀（楚簡本）──猒（帛書甲乙）──厭（漢簡本、王弼本）

楚簡本：天下𣤙進而弗詀。（甲 4）

帛書甲：天下樂隼而弗猒也。（63）

帛書乙：天下皆樂誰而弗猒也。（30 上）
漢簡本：是以天下樂推而弗厭也。（83）
王弼本：是以天下樂推而不厭。（12-288）

「樂」之古文下部「木」字多形。《古文四聲韻》引《古老子》「樂」下部爲「示」。楚系文字「樂」古文下部或從「大」，或從「夾」，或從「矢」，皆爲「樂」之異體〔註6〕。樂有樂於、安於、願意之義，《史記・大宛列傳》：「天子爲其絕遠，非人所樂往。」《戰國策・楚策一》：「法令既明，士卒安難樂死。」

「推」有推薦、薦舉之義，《書・周官》：「推賢讓能。」《禮記・儒行》：「適弗逢世，上弗援，下弗推。」鄭玄注：「推，猶進也，舉也。」孔穎達疏：「下弗推者，下謂人民也，謂進舉也。」「進」亦有舉薦之義，《正韻》：「進，薦也。」《禮記・儒行》：「推賢而進達之。」《周禮・夏官・大司馬》：「進賢興功，以作邦國。」《呂氏春秋・論人》：「貴則觀其所進。」高誘注：「進，薦也。」進、通推義可互用。

《說文・辵部》：「進，登也。從辵，閵省聲。」高鴻縉《字例》：「（甲骨文）字從隹、從止，會意。止即腳，隹腳能進不能退，故以取意……周人變爲隹辵，意亦同。不當爲形聲。」隹亦爲鳥類。進爲精母眞部，隹爲心母文部，聲母皆爲舌尖前音，眞、文旁轉，音通可借，隹爲進之借。

《說文・手部》：「推，排也。從手隹聲。」《說文・言部》：「誰，何也。從言隹聲。」誰爲禪母微部，推爲透母微部，聲母皆爲舌頭音，且誰、推皆從「隹」得聲，故音通可借。誰爲推之借字。

俗多用推，故當從帛書與通行本作「推」。

《玉篇・言部》：「訨，多言。」義爲「天下之人樂於推舉而不會多說什麼」。此多言有低聲細語之義，像流言一樣能導致人與人之間的不和。「訨」當與「詹」義同。《說文・八部》：「詹，多言也。從言從八从厃。」徐鉉云：「厃，高也；八，分也，多故可分也。」「詹」也有小聲議論而能致人不和之義。《莊子・齊物論》：「大言炎炎，小言詹詹。」「小言詹詹」即言多低聲而小；「大言炎炎」即言多大聲而盛。

〔註 6〕 滕壬生：《楚系簡帛文字編》，武漢：湖北教育出版社，2008 年 10 月，第 548～550。

《集韻》：「猒，本作厭。」《說文·甘部》：「厭，飽也。从甘从肰。猒，猒或从邑。」又《厂部》：「厭，笮也。从厂猒聲。」段玉裁注：「《竹部》曰：『笮，迫也。』此義今人字作壓，乃古今字之殊。」徐灝箋：「猒者，猒飫本字，引申為猒足、猒惡之義。俗以厭為厭惡，別製饜為饜飫、饜足。又從厭加土為覆壓字。」猒、厭音同，初義皆為飽足之意，引申可訓厭（猒）惡之意。故當為同源異體字。《詩·小雅·小旻》：「我龜既厭，不我告猶。」鄭玄箋：「卜筮數而瀆龜，龜靈厭之，不復告其所圖之吉凶。」《老子》本章此句可釋為：「天下之人樂於推舉而不會憎惡而嫌棄之。」與「不會多說什麼」意一致。聖人在上不會感到有什麼壓力，也就不會憎惡他而多說什麼。故「詀」、「厭」義同而可通用。

靜（楚簡本）——諍（帛書甲）——爭（帛書乙、漢簡本、王弼本）
楚簡本：以丌不靜也，古天下莫能與之靜。（甲 5）
帛書甲：非以亓无諍與？〔故天下莫能與〕諍。（63-64）
帛書乙：不（以）其无爭與？故天下莫能與爭。（30 上-30 下）
漢簡本：不以其無爭邪？故天下莫能與之爭。（83-84）
王弼本：以其不爭，故天下莫能與之爭。（12-288）

《說文·言部》：「諍，止也。从言爭聲。」朱駿聲《說文通訓定聲》：「諍，止也。从言、爭，會意，爭亦聲。」又《鼎部》：「諍，叚借為爭。」《正字通·言部》：「諍，古通用爭。」《韓詩外傳》卷四：「其於百官伎藝之人也，不與諍能，而致用其功。」許維遹《校釋》：「諍，本或作爭，與《荀子·君道篇》合。」《戰國策·秦策二》：「有兩虎諍人而鬭者，管莊子將刺之。」《說文·青部》：「靜，審也。从青爭聲。」

靜為從母耕部，諍、爭為莊母耕部。照二歸精，故三字音通可借，且「靜」、「諍」從「爭」得聲，故音通可借，靜、諍乃爭之借。

本章整理：江海之所以能為百谷王者，以其善下之也，故能為百谷王。是以聖人之欲上民也，必以其言下之；其欲先民也，必以其身後之。故居上而民弗重也，居前而民弗害也，天下樂推而弗厭也。非以其无爭與？故天下莫能與之爭。

第六十七章　獨　立

十（帛書甲乙）──什（漢簡本、王弼本）

百（帛書甲乙）──佰（漢簡本、王弼本）

器（帛書甲乙、王弼本）──氣（漢簡本）

毋（帛書甲）──勿（帛書乙、漢簡本）──不（王弼本）

送（帛書甲）──徙（帛書乙、漢簡本、王弼本）

帛書甲：使十百人之器毋用，使民重死而遠送。（64）

帛書乙：使有十百人器勿用，使民重死而遠徙。（30下）

漢簡本：使有什佰人之氣而勿用，使民重死而遠徙。（118）

王弼本：使有什佰之器而不用，使民重死而不遠徙。（12-290）

　　《說文・人部》：「什，相什保也。从人、十。」《周禮・秋官・士師》：「掌……其民人之什伍，使之相安相受。」賈公顏疏：「五家爲比，比即一伍也，二伍爲什。」《管子・立政》：「十家爲什，五家爲伍，什伍皆有長言。」古代軍事編制也是以十人爲一「什」。「什」與「十」同，賈誼《過秦論》：「嘗以什倍之地。」《墨子・尙賢》：「日不什脩。」孫詒讓《閒詁》：「什脩謂十倍其長。」故「什」同「十」，爲十倍之義。《孫子・謀攻》：「用兵之法，十則圍之，五則攻之，倍則分之。」《韓非子・六反》：「母之愛子也倍父，父令之行於子者十母。」故「十」有十倍之義，「佰」、「百」與之同。

　　《說文・人部》：「佰，相什伯也。从人、百。」《字彙・人部》：「百人爲佰。」《廣韻・陌韻》：「佰，一百爲一佰也。」《禮記・中庸》：「人一能之，己百之。」孔穎達疏：「謂他人性識聰敏，一學則能知之，己當百倍用功而學，使能知之。」

什、佰皆從人，故其本義當有十人、百人之義。甲乙本爲十、百，故後有「人」字。王弼本「什佰之器」，猶帛書本「十百人之器」也。王弼本不誤不奪，表達方式不同耳。加「倍」字，則依文義可知也。

《說文・皿部》：「器，皿也。象器之口，犬所以守之。」段玉裁注：「器乃凡器統偁。」《易・繫辭》：「形乃謂之器。」鄭玄注：「成形曰器。」《書・盤庚上》：「人惟求舊，器非求舊惟新。」「氣」與「器」通，朱駿聲《說文通訓定聲・履部》：「氣，叚借爲器。《禮記・樂記》『然後樂氣從之』，王氏引之曰：即上文金、石、絲、竹之器也。」《逸周書・月令》：「水泉必香，陶氣必良，火齊必得。」《淮南子・說山》：「故魚不可以無餌釣也，獸不可以虛氣召也。」俞越《諸子平議》：「氣，當作器。」器爲溪母質部，氣爲溪母物部，質、物旁轉，故音通可借，氣乃器之借。

帛書本、漢簡本「遠徙」，王弼本作「不遠徙」，蓋因理解有誤而增「不」字。「遠」本即有否定義，《論語・雍也》：「子曰：『敬鬼神而遠之。』」皇侃疏：「鬼神不可慢，故曰敬鬼神也；可敬不可近，故宜遠之也。」即爲「不接近、不靠近」之義。《論語・顏淵》：「不仁者遠矣。」遠即「遠離、避開」之義。《漢書・公孫弘傳》：「故法不遠義，則民服而不離；和不遠禮，則民親而不暴。」顏師古注：「遠，違也。」故帛書甲乙本的「遠徙」即「避免遷徙」之義。王弼本的「不遠徙」之「遠」指空間距離的遙遠，即不遠遠地遷徙之義。因對「遠」字義的理解不同，故妄增「不」字。

《說文・毋部》：「毋，止之也。从女，有奸之者。」段玉裁注：「止之詞也。從女、一。女有姦之者，一禁止之，令勿姦也。」《詩・小雅・角弓》：「毋教猱升木，如塗塗附。」鄭玄箋：「毋，禁詞。」《玉篇・毋部》：「毋，莫也。今作無。」

《說文・勿部》：「勿，州里所建旗。象其柄，有三游。雜帛，幅半異。所以趣民，故遽稱勿勿。凡勿之屬皆从勿。𣃦，勿或从於。」趣、遽則勿勿、匆匆，匆匆則做事不完備，故含有否定義；勿，或借用作否定義。《廣韻・物韻》：「勿，無也。」《易・益》：「莫益之，或擊之，立心勿恒。」《論語・雍也》：「雖欲勿用，山川其舍諸？」皇侃疏：「勿，猶不也。」《廣韻・物韻》：「勿，莫也。」有禁止、勸阻之義。《論語・衛靈公》：「己所不欲，勿施於人。」又《論語》：「非禮勿視。」朱熹註：「勿者，禁止之辭。」

《說文‧不部》：「不，鳥飛上翔不下來也。从一，一猶天也。象形。」

《詩‧小雅‧常棣》：「常棣之華，鄂不韡韡。」鄭玄注：「不，當作柎。柎，鄂足也。」阮元《校勘記》：「考《說文‧木部》：『柎，闌足也。』《山海經》：『員葉而白柎。』《集韻‧十虞》亦作柎，皆從木。」《集韻‧虞韻》：「柎，艸木房爲柎。一曰華下萼。或作不。」《通志‧六書略一》：「不，音跗。象華萼蒂之形。」人賞花但看花而不顧蒂，華香而蒂苦，人但聞香而不知苦，故「不」或有此否定義。毋爲明母魚部，勿爲明母物部，不爲幫母之部，聲母皆爲唇音，之、魚旁轉，之、物通轉，故音義通可互用。

《說文‧辵部》：「送，遣也。从辵，㑞省。𨕖，籀文不省。」《說文‧辵部》：「述，迻也。从辵止聲。𨒅，古文徙。屣，徙或从彳。」又《辵部》：「迻，遷徙也。」《玉篇‧彳部》：「徙，遷也。」《廣雅‧釋言》：「徙，移也。」《周禮‧地官‧比長》：「徙於國中及郊。」鄭玄注：「或國中之民出徙郊，或郊民入徙國中。」送爲心母東部字，徙爲心母支部字，東、支旁對轉，或音通可借。馬王堆漢墓帛書整理小組和復旦整理組皆作誤字處理，當爲形近而誤。

周（帛書甲乙）──舟（漢簡本、王弼本）

車（帛書甲乙、漢簡本）──輿（王弼本）

帛書甲：有周車，无所乘之。（64）

帛書乙：又周車，无所乘之。（30 下-31 上）

漢簡本：有舟車，無所乘之。（118）

王弼本：雖有舟輿，無所乘之。（12-290）

周、舟皆爲章母幽部字，故音通可借。《說文‧舟部》：「舟，船也。古者，共鼓、貨狄，刳木爲舟，剡木爲楫，以濟不通。象形。」「周」與「舟」古通，《馬王堆漢墓帛書‧春秋事語七》：「齊亘（桓）公與蔡夫人乘周，夫人湯（盪）周。」《周禮‧考工記‧敘》：「作舟以行水。」鄭玄注：「故書『舟』作『周』。」

《說文‧口部》：「周，密也。从用口。𠁼，古文周字从古文及。」「舟」亦與「周」通。朱駿聲《說文通訓定聲‧孚部》：「舟，叚借爲匊（周）。」有周匝、環繞之義。《詩‧大雅‧公劉》：「何以舟之？唯玉及瑤。」毛傳：「舟，帶也。」孔穎達疏：「玉是所佩之物，故知舟是帶也。」馬瑞辰《傳箋通釋》：「舟者匊之假借。《說文》：『匊，帀徧也。』字通作周。帶周於身，故舟得訓帶。」

《詩・大雅・大東》：「舟人之子，熊羆是裘。」鄭玄箋：「舟，當作周……周人之子，謂周世臣之子孫。」

古「周」、「舟」可互用。但在此文中，「周」叚借爲「舟」。

車、輿有總體與部份之別。《說文・車部》：「車，輿輪之總名。夏后時奚仲所造。象形。凡車之屬皆从車。輚，籀文車。」段玉裁注：「謂象兩輪、一軸、一輿之形。此篆橫視之乃得。」又《說文・車部》：「輿，車輿也。从車舁聲。」輿爲車之一部份，以部份代替整體。段玉裁注：「輿爲人所居，可獨得車名也。」《玉篇・車部》：「輿，車乘也。」車爲昌母魚部，輿爲餘母魚部，聲母皆爲舌頭音，音義通可互用。

鄰（帛書甲）──甼（帛書乙）──鄰（漢簡本、王弼本）
望（帛書甲、漢簡本）──望（帛書乙、王弼本）
狗（帛書甲乙、漢簡本）──犬（王弼本）
帛書甲：鄰邦相望，鷄狗之聲相聞。（65）
帛書乙：甼國相望，鷄犬之聲相聞。（31 上-31 下）
漢簡本：鄰國相望，雞狗之音相聞。（119-120）
王弼本：鄰國相望，鷄犬之聲相聞。（12-290）

甼爲「吝」之假借字（見第 15 章說解）。鄰、鄰皆從粦得聲，故音通可借。

鄰，或當爲鄰。《集韻・稕韻》：「鄰，敝也。通作『鄰』。」《周禮・考工記・輪人》：「是故輪雖敝，不鄰於鑿。」陸德明《經典釋文》：「鄰，本又作鄰，音吝。」甼、鄰皆爲「鄰」之假借字。

望與望同。《說文・壬部》：「望，月滿與日相望，以朝君也。从月从臣从壬。壬，朝廷也。望，古文望省。」商承祚《古文考》：「象人登高舉目遠矚……從月，月遠望而可見意也，《說文》誤以爲君臣之臣。」《易・小畜》：「月幾望。」《馬王堆漢墓帛書・經・姓爭》：「日月相望，以明其當。」「望」當作「望」，月大十六日，月小十五日；日在東，月在西，遙相望也。《說文・亾部》：「望，出亡在外，望其還也。从亡，望省聲。」《詩・邶風・燕燕》：「瞻望弗及。」《楚辭・九歌・湘君》：「望夫君兮未來，吹參差兮誰思。」故日月

之望應作「朢」，瞻望之望應作「望」，朱駿聲《說文通訓定聲》：「今皆以望爲之。」朢、望古義之別遂亡，「望」行而「朢」廢。古時行人在外，覩月而思人，亦爲遙相望也，故朢、望義同可互用。

　　《說文・犬部》：「犬，狗之有縣蹏者也。象形。孔子曰：『視犬之字如畫狗也。』」又《犬部》：「狗，孔子曰：『狗，叩也。叩气吠以守。』从犬句聲。」《玉篇・犬部》：「狗，家畜。以吠守。」《爾雅・釋畜》：「（犬）未成豪，狗。」郭璞注：「狗子未生豵毛者。」郝懿行《義疏》：「狗、犬通名。若對文則大者名犬，小者名狗……今亦通名犬爲狗矣。郭云『豵毛』者，《說文》：『豵，獸豪也。』《釋文》謂長毛也。」今犬、狗通名，可通用。

　　本章整理：小邦寡民。使有十百人之器而不用，使民重死而遠徙。有舟車无所乘之，有甲兵无所陳之，使民復結繩而用之。甘其食，美其服，安其居，樂其俗。鄰邦相望，雞犬之聲相聞，民至老死不相往來。

第六十八章 顯 質

多（帛書乙）──辯（漢簡本、王弼本）

帛書甲：善〔者不多，多〕者不善。(66)

帛書乙：善者不多，多者不善。(31 下)

漢簡本：善者不辯，辯者不善。(121)

王弼本：善者不辯，辯者不善。(12-290)

傅奕本：善言不辯，辯言不善。

　　「辯」的常用義與言詞有關，有「巧言」、「爭論」之義。如《書·太甲下》：「君罔以辯言亂舊政。」孔傳：「利口覆國家，故特愼焉。」《莊子·盜跖》：「強足以距敵，辯足以飾非。」《韓非子·顯學》：「是以魏任孟卯之辯，而有華下之患；趙任馬服之辯，而有長平之禍；此二者，任辯智失也。」《墨子·經上》：「辯，爭彼也。辯勝，當也。」《孟子·滕文公下》：「予豈好辯哉？予不得已也。」趙岐注：「好辯，好爭辯。」《禮記·王制》：「言僞而辯。」就此意義來說，「辯」似有貶義。但辯與言是連在一起的，而上文說「信言」、「美言」，此又說「辯言」、「善言」，則義有重複。上文「美言」即此「辯言」，巧飾之言也。且「辯」爲中性之詞，因用而有所別，故不一定是不善。《說文·辡部》：「辯，治也。從言在辡之閒。」段玉裁注：「治者，理也。」《書·酒誥》：「勿辯乃司。」《左傳·昭公元年》：「主盟者誰能辯焉。」杜預註：「辯，治也。」《管子·五輔》：「大夫任官辯事，官長任事守職。」《易·履·象》：「君子以辯上下，定民志。」《周禮·天官·敍官》：「惟王建國，辯方正位。」「辯」無論是貶義還是褒義似都與善無多大關係，即使是「巧言」也是一種僞裝、掩飾，並不一定就是不善。故通行本用「辯」字，一是與前文有重複，

二是義有不當。《老子》第 27 章：「善言者無瑕讁。」善言也可說是善辯，只要言的方向對，「辯」則無不善。第 62 章：「美言可以市。」辯言可以無害。

而帛書本「多」字，則與《老子》文義符合。《說文·多部》：「多，重也。從重夕。夕者，相繹也，故為多。重夕為多，重日為疊。」表示數量大。

《儀禮·聘禮》：「多貨則傷於德。」「德」正是整部《道德經》所強調的，「傷於德」則為不善。《易·謙·象》：「君子以裒多益寡，稱物平施。」維持事物間的平衡狀態也是《老子》所強調的，「多」則打破了這種平衡關係。第九章：「持而盈之，不若其已。」第 20 章：「眾人皆有餘，我獨匱。」第 23 章：「少則得，多則惑。」第 42 章：「物或益之而損，損之而益。」多則損之，損則有益處也。第 44 章：「甚愛必大費，多藏必厚亡。故知足不辱，知止不殆，可以長久。」第 46 章：「罪莫大於可欲，禍莫大於不知足，咎莫憯於欲得。」第 48 章：「為學者日益，為道者日損。」第 50 章：「而民生生，動皆之死地之十有三。夫何故也？以其生生。」「生生」則為厚、為多，厚、多則「傷於德」，「傷於德」則「之死地」。第 53 章：「……財貨有餘，是謂盜夸，非道也哉。」第 57 章：「夫天下多忌諱，而民彌貧；民多利器，而邦家滋昏；人多伎巧，而奇物滋起；法物滋彰，而盜賊多有。」此「多」之弊。第 59 章：「治人事天莫若嗇。夫唯嗇，是以早服，早服謂之重積德。」「多」的反面就是「嗇」、「少」，如此才能有積德。第 67 章：「使有十百人之器而不用。」十百人之器可以用來廣積多屯，不用之，則不欲多蓄積也。第 69 章：「我恒有三寶，持而寶之。……二曰儉……儉，故能廣。……舍其儉，且廣……則死矣。」第 77 章：「民之輕死也，以其求生之厚也，是以輕死。夫唯無以生為者，是賢貴生。」第 79 章：「天之道，猶張弓者也。高者抑之，下者舉之；有餘者損之，不足者補之。故天之道，損有餘而補不足。……是以聖人為而弗有。」第 81 章：「聖人執左契，而不以責於人。故有德司契，無德司徹。天道無親，恒與善人。」「不責於人」，則不會蓄積而厚斂，此正為善之舉，多則不能為善，故「聖人无積。既以為人，己愈有；既以與人矣，己愈多。」故當從帛書本為「多」。

又「善」與「辦」、「辯」通。《史記·淮陰侯列傳》：「（韓信）曰：『臣多多益善。』上笑曰：『多多益善，何為為我禽？』」《漢書·韓信傳》作「多多益辦」。宋陶穀《清異錄·君道》：「（劉鋹）延方士求健陽法，久乃得，多多益辦。」而「辦」與「辯」皆從辡得聲，為並母元部字，音同可借。「多多益

善」這一成語表現出來的是「多」與「善」的相對而言，《老子》常常表現出與世不同的觀點，故有「善者不多，多者不善」這一無爲的觀點：柔弱勝剛強；少私寡慾；少則得，多則惑。

「善」也可訓爲多，明楊愼《丹鉛雜錄·善字訓多》：「古書『善』字訓多：《毛詩》『女子善懷』，《前漢志》『岸善崩』，《後漢記》『蠶善收』，《晉春秋》『陸雲善笑』，借訓多也。」《禮記·文王世子》：「嘗饌善，則世子亦能食；嘗饌寡，則世子亦不能飽。」鄭玄注：「善，謂多于前。」

善與多、辯的這種關係，可能是導致後來異文多出的原因。但從「辯」的本義來看，也符合《老子》的思想，《說文·辡部》：「辯，治也。從言在辡之閒。」段玉裁注：「治者，理也。」《管子·五輔》：「大夫任官辯事，官長任事守職。」王念孫《讀書雜志》：「辯，治也。」《左傳·昭公元年》：「主齊盟者，誰能辯焉？」杜預注：「辯，治也。」不治理，正符合《老子》道、德無爲的主旨。因爲本章有「信言不美，美言不信」一句，美與善同，言與辯通，故「辯」不能再解釋爲言辭的巧辯、善辯等義，否則意義重複。《說文·誩部》：「譱，吉也。從誩从羊。此與義、美同意。善，篆文譱从言。」

誠實的言語無須美飾，美飾的言語不誠實；有智慧的人無須廣聞多聽，廣聞多聽的人不會有智慧（向外逐，不向內求，即「多聞數窮，不若守中」。）；良好的事物不用去治理，需要去處理的事物不會良好（或：好的東西無需多，多的東西不會好；或：良好的行爲是不要多蓄積，多蓄積的行爲不良好。好的一定是簡單的，複雜的一定不會好。所以，帛書本和漢簡本下句接著說「聖人無積」。故當從「多」。）

多，也可訓爲讚美、推崇之義。《漢書·袁盎傳》：「諸公聞之皆多盎。」故此句可譯爲「善行不須去稱贊；稱贊的即不是善行。」即第 38 章所說「上德不德」之義。

積（帛書乙、王弼本）——責（漢簡本）
既（帛書乙、王弼本）——氣（漢簡本）
俞（帛書乙）——愈（王弼本）
帛書甲：聖人无〔積，既〕以爲〔人，己俞有；既以予人矣，己俞多〕。
（66-67）
帛書乙：耵人无積，既以爲人，己俞有；既以予人矣，己俞多。（32上）

漢簡本：聖人無責，氣以爲人，己兪有；氣以予人，己兪多。(121-122)

王弼本：聖人不積，既以爲人，己愈有；既以與人，己愈多。(12-290)

《說文・禾部》：「積，聚也。从禾責聲。」段玉裁注：「禾與粟皆得偁積。」朱駿聲《說文通訓定聲》：「禾穀之聚曰積。」《詩・大雅・公劉》：「迺積迺倉，迺裹餱糧。」《增韻・昔韻》：「積，累也……堆疊也。」《易・升》：「君子以順德，積小以高大。」《周禮・地官・遺人》：「掌邦之委積，以待施惠。」鄭玄注：「少曰委，多曰積。」(善者不多，即善者不積。)《說文・貝部》：「責，求也。从貝束聲。」積爲精母錫部，則爲莊母錫部，照二歸精，故其聲母皆爲舌尖前音，音通可借，責爲積之借。

《說文・皀部》：「既，小食也。从皀旡聲。《論語》曰：『不使勝食既。』」許愼所引《論語》文中「既」，今《論語》作「氣」，既(既)爲見母物部，氣爲溪母物部，聲母皆爲牙音，音通可借，既爲氣之借。《廣雅・釋詁一》：「既，盡也。」《春秋・桓公三年》：「秋，七月，壬辰，朔，日有食之，既。」杜預注：「既，盡也。」《莊子・應帝王》：「吾與汝既其文，未既其實，而固得道與？」嚴遵《老子指歸》曰：「既以爲人己愈佚，盡以治人己益明，既以生人己愈壽，盡以教人己以益。」

俞、愈皆爲餘母侯部。故音同可借。

《小爾雅・廣詁》：「愈，益也。」《詩・小雅・小明》：「曷云其還，政事愈蹙。」鄭玄箋：「愈，猶益也。」愈爲副詞，表示程度的加深，更加、越之義。《說文・舟部》：「俞，空中木爲舟也。从亼从舟从巜。巜，水也。」《字彙・人部》：「俞，俗兪字。」俞與愈通，用作副詞，表示更加的意思。《國語・越語下》：「辭兪卑，禮兪尊。」《四部備要》本作「愈」。《集韻・噳韻》：「愈，勝也。通作兪。」《墨子・耕柱》：「我毋兪於人乎？」孫詒讓《閒詁》：「《荀子・榮辱》楊注云：『兪讀爲愈。』……《太平御覽》引作愈。」「兪」乃「愈」之假借字。

本章最後兩句，帛書乙本、漢簡本皆作「人之道，爲而弗爭。」通行本僅孟頫與之同，其他通行本作「聖人之道，爲而不爭。」在《老子》文本中，聖人是無爲的，而人是有爲的。如，第2章：「是以聖人居無爲之事，行不言之教。萬物作而弗始也，爲而弗恃也，成功而弗居也。」第7章：「是以聖人

退其身而身先，外其身而身存。不以其無私與！故能成其私。」第34章：「是
以聖人之能成大也，以其不爲大也，故能成其大。」第49章：「聖人恒無心。」
第 57 章：「是以聖人之言曰：我无爲而民自化，我好靜而民自正，我无事而
民自富，我欲不欲而民自樸。」第 64 章：「是以聖人無爲也，故無敗也；無
執也，故無失也。」「是以聖人欲不欲，不貴難得之貨；學不學，復眾人之所
過，能輔萬物之自然而不敢爲。」第 66 章：「非以其无爭與？故天下莫能與
之爭。」第79章：「是以聖人爲而弗有，成功而弗居也。」聖人無爲、無私、
無欲、無爭、無心，且弗有、弗居，而「众人皆有餘」，「众人皆有以」。「有
以」即有所爲，故當從帛書本和漢簡本作「人之道，爲而弗爭。」弗爭，是
告誡之辭，眾人做不到無爲，但應該做的到「爲」而不爭。

　　本章整理：信言不美，美言不信；知者不博，博者不知；善者不多，多
者不善。聖人无積，既以爲人，己愈有；既以與人矣，己愈多。故天之道，
利而不害；人之道，爲而弗爭。

第六十九章 三 寶

而（帛書乙）──以（漢簡本）──似（王弼本）

帛書乙：天下（皆）胃我大，大而不宵。（32上-32下）

漢簡本：天下皆謂我大，以不宵。（85）

王弼本：天下皆謂我道大，似不肖。（12-288）

《說文・人部》：「佀，象也。从人，㠯聲。」《集韻・止韻》：「佀，或作似。」《莊子・馬蹄》：「夫赫胥氏之時，民居不知所為，行不知所之，含哺而熙，鼓腹而遊，民能以此也。」成玄英疏：「此至淳之世，民能如此也。」《廣雅・釋詁三》：「似，類也。」又《釋詁四》：「似，象也。」《易・繫辭上》：「與天地相似，故不違。」朱駿聲《說文通訓定聲・頤部》：「似，假借為以。」《老子》第二十章：「而我獨頑似鄙。」俞樾《諸子平議》：「似，當讀為以，古以、似通用，猶言頑而鄙也。」

《說文・巳部》：「㠯，用也。从反巳。賈侍中說：巳，意巳實也。象形。」邵英《群經正字》：「《詩・何人斯》釋文：㠯，古以字。《漢書》以皆作㠯。張謙中曰：㠯，秦刻作以，《說文》不加人字。」《玉篇・人部》：「以，用也。」以用作連詞，表並列關係，王引之《經傳釋詞》卷一：「以，猶而也。」《詩・大雅・皇矣》：「予懷明德，不大聲以色，不長夏以革。」馬瑞辰《詩傳箋通釋》：「以、與古通用，『聲以色』猶云『聲與色』也。『夏以革』猶云『夏與革』也。」或表示前後的承接關係，相當於「而」，《詩・邶風・燕燕》：「瞻望弗及，佇立以泣。」

佀（似）為邪母之部，以為餘母之部，而為日母之部，根據錢玄同「邪紐古歸定紐」說，「喻四歸定」說，似、以、而聲母皆為舌頭音，音通可借。似、以乃而之借。

宵（帛書甲乙、漢簡本）──肖（王弼本）

帛書甲：夫唯〔大〕，故不宵。若宵，細久矣。（68）

帛書乙：夫唯不宵，故能大。若宵，久矣亓細也夫。（32 下）

漢簡本：夫唯大，故不宵。若宵，久矣其細也夫。（85）

王弼本：夫唯大，故似不肖。若肖，久矣其細也夫。（12-288）

宵、肖皆爲心母宵部，故音同可借。「宵」乃「肖」之假借字。

《說文・宀部》：「宵，夜也。从宀，宀下冥也；肖聲。」徐灝注箋：「謂夜居室中窈冥耳。」朱駿聲《說文通訓定聲・小部》：「宵，假借爲肖。」《淮南子・要略》：「乃始攬物引類，覽取撟掇，浸想宵類。」高誘注：「宵，物似也。」《馬王堆漢墓帛書・經・本伐》：「所胃爲義者，伐亂禁暴，起賢廢不宵。」「廢不宵」即廢止那些不同於義者也。

《說文・肉部》：「肖，骨肉相似也。从肉小聲。不似其先，故曰『不肖』也。」《書・說命上》：「乃審厥象，俾以形旁求於天下，說築傅巖之野，惟肖。」孔傳：「肖，似。」它本有「肖」作「笑」者，朱謙之云：「『笑』與『肖』本聲韻相同。于省吾《荀子新證》引《非相篇》：『今夫狌狌形笑，亦二足而毛也。』『形笑』即『形肖』，則知此『不笑』亦即『不肖』耳。然碑本作『肖』乃本字，作『笑』者通假，若羅卷『笑』作『唉』，則俗字耳。作『肖』乃《老子》書中用楚方言。楊雄《方言》七：『肖、類，法也。齊曰類，西楚、梁、益之間曰肖。西南梁、益之間凡言相類者，亦謂之肖。』郭璞注：『肖者，似也。』《小爾雅・廣訓》：『不肖，不似也。』謚誼，『不肖』上不應再有『似』字。」〔註1〕

「細」與「大」相對，義爲：如果說「我」（道）像什麼物類，則早已成爲細微末節、微不足道的東西了。即「道」什麼都不像，故能成其大，即「大象無形」。有形則會有生滅，無形則恒久。

市（帛書乙）──侍（漢簡本）──持（王弼本）

帛書甲：我恒有三葆之。（68）

帛書乙：我恒有三琛，市而琛之。（32 下）

漢簡本：我恒有三葆，侍而葆之。（85-86）

王弼本：我有三寶，持而保之。（12-288）

〔註 1〕 朱謙之：《老子校釋》，北京：中華書局，1984 年，第 270 頁。

市、侍爲禪母之部，持爲定母之部，聲母皆爲舌面前音，故音通可借。「市」、「侍」乃「持」之假借字。《說文·人部》：「侍，承也。从人寺聲。」段玉裁注：「承者，奉也，受也。凡言侍者，皆敬恭承奉之義。」《左傳·僖公二十二年》：「寡君之使婢子侍執巾櫛，以固子也。」《說文·手部》：「持，握也。从手寺聲。」侍雖然也有承奉之義，但爲在旁敬受，故當從「持」。

王弼本：「我有三寶，持而保之。」「寶」、「保」不同，「保」當爲借字，當爲「寶」，前爲名詞，後爲動詞。帛書本和傅奕、范應元等其它傳世本前後皆多作「保」。此當從帛書本、漢簡本和傅奕、范應元等本。第 62 章：「善人之寶也，不善人之所保也。」前後「寶」、「保」，帛書乙本和傳世本皆如此，帛書甲本和漢簡本前後皆作「葆」，爲借字耳。

茲（帛書甲乙、漢簡本）──慈（王弼本）
檢（帛書乙）──斂（漢簡本）──儉（王弼本）
帛書甲：一曰茲，二曰檢，〔三曰不敢爲天下先〕。(68)
帛書乙：一曰茲，二曰檢，三曰不敢爲天下先。(32 下-33 上)
漢簡本：一曰茲，二曰斂，三曰不敢爲天下先。(86)
王弼本：一曰慈，二曰儉，三曰不敢爲天下先。(12-288)
《說文·艸部》：「茲，艸木多益。从艸，絲省聲。」又《心部》：「慈，愛也。从心茲聲。」茲、慈皆從心得聲；茲爲精母之部，慈爲從母之部，聲母皆爲舌尖前音。故音通可借。「茲」乃「慈」之假借字。

檢爲見母談部，儉爲群母談部，斂爲曉母談部；檢、儉皆從僉得聲，故音通可借。《廣雅·釋詁一》：「斂，欲也。」斂亦用作「斂」，收斂、聚斂之義，《睡虎地秦墓竹簡·爲吏之道》：「賦斂毋度。」《說文·木部》：「檢，書署也。从木僉聲。」

《說文·人部》：「儉，約也。从人僉聲。」段玉裁注：「約者，纏束也；儉者，不敢放侈之意。」《篇海類編·人物類·人部》：「儉，省節也。」《禮記·檀弓》：「國奢示之以儉，國儉示之以禮。」又《王制》：「祭，豐年不奢，凶年不儉。」《左傳·莊公二十四年》：「儉，德之共也。」《論語·八佾》：「禮，與其奢也，寧儉。」皇侃注：「去奢從約謂之儉。」《左傳·僖公二十三年》：「晉公子廣而儉，文而有禮。」

「檢」、「歛」乃「儉」之假借字。

敢（帛書甲、漢簡本、王弼本）——故（帛書乙）

帛書甲：〔夫茲，故能勇；儉〕，故能廣。（68-69）

帛書乙：夫茲，故能勇；檢，敢能廣。（33 上）

漢簡本：茲，故能勇；歛，故能廣。（86）

王弼本：慈，故能勇；儉，故能廣。（12-288）

「敢」之本字爲「叙」，《說文·殳部》：「叙，進取也。从受古聲。殻，籀文叙。敢，古文叙。」又《說文·支部》：「故，使爲之也。从支古聲。」「敢」、「故」皆從「古」得聲，古音通。

敢爲見母談部，故爲見母魚部，「談」、「魚」通轉。故「敢」、「故」音通可借。從古文形上看，故、敢金文形極其相同，皆爲從手古聲。「故」之義「使爲之」與「進取」義相符。故「敢」、「故」或爲同源異體字。

事（帛書甲）——器（帛書乙、王弼本）

帛書甲：不敢爲天下先，故能爲成事長。（69）

帛書乙（33 上）、漢簡本（86-87）：不敢爲天下先，故能爲成器長。

王弼本：不敢爲天下先，故能成器長。（12-288）

「事」指具體的客觀存在的一切活動和現象，《禮記·大學》：「物有本末，事有終始。」《書·益稷》：「股肱惰哉，萬事墮哉。」也指具體的物件、東西，《百喻經·水火喻》：「火及冰水二事俱失。」「事」的含義和外延範圍必「器」要廣。但都是指可見、可感的東西、事情和現象。「成器」，指具體的已形成的事物，與「道」相對，《易·繫辭上》：「形容上者謂之道，形而下者謂之器。」又「備物致用，立成器以爲天下利。」王弼注即引用此句義：「唯後外其身，爲物所歸，然後乃能立成器爲天下利，爲物之長也。」「成器」也有成就事情或事功的意思。「器」即與具體的有形的事物同。故「器」與「事」義同，可通用。

《韓非子·解老》引《老子》此文與帛書甲本完全同。范應元、司馬光二本「能」字後有「爲」字，與帛書本和《韓非子·解老》引《老子》此文同。俞樾云：「『事』、『器』異文，或相傳之本異，或彼涉上文『事無不事』句而誤，皆不可知。至『故能』下有『爲』字，則當從之。蓋『成器』二字

相連爲文。《襄十四年左傳》『成國不過半天子之軍』，杜注曰：『成國，大國。』《昭五年傳》『皆成縣也』，『成縣』亦謂大縣。然則『成器』者，大器也。二十九章『天下神器，不可爲也』，《爾雅・釋詁》：『神，重也。』『神器』爲重器，『成器』爲大器，二者並以天下言。質言之，則止是不敢爲天下先，故能爲天下長耳。」第 28 章：「樸散則爲器，圣人用則爲官長。」「事」相對而言更抽象，當爲「器」，與形而上之道、樸相對，表示形而下之成形的萬事萬物。故當從帛書乙本。

帛書乙：「今舍亓茲且勇，舍亓檢則廣，舍亓後且先，則死矣。」帛書甲作：「今舍亓茲且勇，舍亓後且先，則必死矣。」抄漏「舍亓檢則廣」一句。帛書乙本之「勇」字，復旦整理組依原圖形釋作「男」。

單（帛書乙）──陳（漢簡本）──戰（王弼本）
勝（帛書甲、王弼本）──朕（帛書乙）──正（漢簡本）
帛書甲：夫茲，〔以戰〕則勝，以守則固。（69-70）
帛書乙：夫茲，以單則朕，以守則固。（33 下）
漢簡本：夫茲，以陳則正，以守則固。（88）
王弼本：夫慈，以戰則勝，以守則固。（12-288）

《說文・戈部》：「戰，鬥也。从戈單聲。」商承祚《十二家吉金圖錄》：「古者以田狩習戰陳……戰从嘼者，示戰爭如獵獸也。」金文或从嘼从戈。《正字通・戈部》：「戰，兵鬥也。」《書・甘誓》：「大戰于甘。」《說文・吅部》：「單，大也。从吅申，吅亦聲。闕。」羅振玉《增訂殷墟書契考釋》：「卜辭中獸字从此。獸即狩之本字。征戰之戰从單，與獸同意。」《馬王堆漢墓帛書・十六經・雌雄節》：「以求則得，以單則克。」「單」與「戰」通。戰爲章母元部，單爲端母元部，陳爲定母眞部，聲母皆爲舌頭音，眞、元旁轉，故音通可借。陳、單爲戰之借。

《說文・肉部》：「胜，任也。从力朕聲。」段玉裁注：「凡能舉之，能克之，皆曰勝。」《爾雅・釋詁上》：「勝，克也。」《正字通・力部》：「勝，負之對也。」《孟子・梁惠王上》：「鄒人與楚人戰，則王以爲孰勝？」勝爲書母蒸部，朕爲定母侵部，正爲章母耕部，聲母皆爲舌頭音，蒸、侵通轉，蒸、耕旁轉，故三字音通可借，朕、正爲勝之借。

將（帛書甲乙、王弼本）——之（漢簡本）
建（帛書甲乙）——救（漢簡本、王弼本）
女（帛書甲）——如（帛書乙）——若（漢簡本）——（王弼本闕字）
垣（帛書甲乙）——衛（漢簡本、王弼本）
帛書甲：天將建之，女以茲垣之。（70）
帛書乙：天將建之，如以茲垣之。（33 下-34 上）
漢簡本：天之救之，若以茲衛之。（88）
王弼本：天將救之，以慈衛之。（12-288）

　　《廣雅・釋詁一》：「將，欲也。」《呂氏春秋・行論》：「將欲毀之，必重累之。」「將」在句中有「如果」之義，「將欲毀之」，亦即「如果要毀之」之義。「之」也可有「若」、「如果」之義，表假設關係，王引之《經傳釋詞》卷九：「之，猶若也。」《左傳・成公二年》：「大夫之許，寡人之願也；若其不許，亦將見也。」《書・盤庚上》：「邦之臧，惟汝眾；邦之不臧，惟予一人有佚罰。」故將與之義通可互用。

　　《廣雅・釋詁二》：「救，助也。」《廣韻・宥韻》：「救，護也。」《書・太甲》：「尚賴匡救之德。」《詩・邶風・谷風》：「凡民有喪，匍匐救之。」孔穎達疏：「救，謂營護凶事，若有賙贈也。」《詩・大雅・瞻卬》：「式救爾後。」
　　《說文・廴部》：「建，立朝律也。」徐灝注箋：「凡言建者皆朝廷之事。」段玉裁注：「今謂凡豎立爲建。」《玉篇・廴部》：「建，豎立也。」《廣韻・願韻》：「建，樹也。」《易・比・象》：「先王以建萬國，親諸侯。」
　　救、建義不相悖，皆有扶持之義。故義通可互用。

　　「如」在此表示承接關係，用於兩謂語之間，相當於而、則、就。《玉篇・女部》：「如，而也。」《春秋・莊公七年》：「夜中，星隕如雨。」杜預注：「如，而也。」《詩・小雅・車攻》：「不失其馳，舍矢如破。」「王引之《經傳釋詞》卷七：「如破，而破也。」若也可表示承接關係，《小爾雅・廣言》：「若，乃也。」《國語・周語中》：「必有忍也，若能有濟也。」《管子・海王》：「一女必有一鍼一刀，若其事立。」尹志章注：「若，猶然後。」亦相當於「而」，《易・夬》：「君子夬夬獨行，遇雨若濡。」女爲泥母魚部，如爲日母魚部，若日母鐸部，聲母皆爲舌頭音，魚、鐸陰陽對轉，音通可借，而爲日母之部，之、魚旁轉，亦能音通可借，此處本字或當爲「而」。

《說文·土部》：「垣，牆也。」《釋名·釋宮室》：「援也。人所依阻，以爲援衛也。」《詩·大雅·板》：「大師維垣。」《左傳·襄公三十一年》：「子產盡壞其館之垣，而納車馬焉。」

《正字通·行部》：「衛，同衛，俗省。」《說文·行部》：「衛，宿衛也。從韋帀，從行。行，列衛也。」《玉篇·行部》：「護也。」《易·大畜》：「日閑輿衛。」王弼注：「衛，護也。」《國語·齊語》：「以衛諸夏之地。」章昭注：「衛，蔽扞。」《公羊傳·定公四年》：「朋友相衛。」何休註：「相衛，不使爲讎所勝。」

垣、衛義同可替代。垣爲匣母元部，衛爲匣母月部，元、月對轉，故垣、衛音義通可互用。

本章整理：天下皆謂我大，似不肖。夫唯大，故不肖。若肖，久矣其細也夫。我有三寶，持而寶之：一曰慈，二曰儉，三曰不敢爲天下先。夫慈，故能勇；儉，故能廣；不敢爲天下先，故能爲成器長。今舍其慈且勇，舍其儉且廣，舍其後且先，則死矣！夫慈，以戰則勝，以守則固。天將建之，如以慈垣之。

第七十章　配　天

戰（帛書甲、漢簡本、王弼本）——單（帛書乙）

帛書甲（70）、**漢簡本**（89）、**王弼本**（12-288）：**善爲士者不武，善戰者不怒。**

帛書乙：故善爲士者不武，善單者不怒。（34 上）

《說文・吅部》：「單，大也。从吅𠦒，吅亦聲。闕。」羅振玉《增訂殷墟書契考釋》：「卜辭中獸字從此。獸即狩之本字。征戰之戰從單，與獸同意。」《說文・戈部》：「戰，鬬也。从戈單聲。」商承祚《十二家吉金圖錄》：「古者以田狩習戰陳……戰從嘼者，示戰爭如獵獸也。」《集韻・綫韻》：「戰，以戈擊獸。」「戰」之初義或本狩獵、與獸搏鬥之義。

單爲端母元部，戰爲章母元部，聲母皆爲舌頭音；「戰」從「單」得聲。故戰、單音近義通可借。「單」爲「戰」之借字。

「善勝敵者不與」，「與」有爭、戰之義。《左傳・哀公九年》：「宋方吉，不可與也。」杜預注：「不可與戰。」《國語・越語下》：「彼來從我，固守勿與。」韋昭注：「勿與之戰也。」

諍（帛書甲）——爭（帛書乙、漢簡本、王弼本）

帛書甲：〔是〕胃不諍之德。（71）

帛書乙：是胃不爭〔之〕德。（34 上-34 下）

漢簡本（89-90）、**王弼本**（12-288）：**是謂不爭之德。**

　　《說文·言部》:「諍,止也。从言爭聲。」桂馥《義證》:「止當作正,諍、正聲相近。《周禮·司諫》注云:『諫猶正也,以道正人行。』」《正字通·言部》:「諍,古通用爭。」《戰國策·秦策二》:「有兩虎諍人而鬭者,管莊子將刺之。」《孝經·諫諍》:「天子有爭臣七人。」《韓詩外傳》卷四:「其於百官伎藝之人也不與諍能,而致用其功。」許維遹《校釋》:「諍,本或作爭,與《荀子·君道篇》合。」《說文·叉部》:「爭,引也。从叉厂。」徐鉉等曰:「厂,音曳。叉,二手也。而曳之,爭之道也。」《書·大禹謨》:「汝惟不矜,天下莫與汝爭能。汝惟不伐,天下莫與汝爭功。」諍、爭皆爲莊母耕部字,音通可借,朱駿聲《說文通訓定聲·鼎部》:「諍,叚借爲爭。」「諍」乃「爭」之假借字。

　　肥(帛書乙)──配(王弼本)
　　帛書甲:是胃天。(71)
　　帛書乙:是胃肥天。(34 下)
　　漢簡本:是謂肥天。(90)
　　王弼本:是謂配天。(12-288)
　　肥屬並母微部字,配屬滂母物部字,聲母皆爲唇音,「微」、「物」對轉,故音通可借。「肥」乃「配」之假借字。《馬王堆漢墓帛書·九主》359:「神聖是則,以肥(配)天地。」《詩經》中常以君王之德以與天相配,如《詩·大雅·皇矣》:「天立厥配,受命既固。」馬瑞辰《通釋》:「謂立君以配天也,古以受命爲天子,爲配天。」《莊子·天地》:「堯問於許由曰:『齧缺可以配天乎?』」成玄英疏:「配,合也。堯云齧缺之賢者,有合天位之德。」

　　帛書甲乙本「是胃用人」,漢簡本亦同。今本作:「是謂用人之力。」「用人」義已足,既可謂「用人之力」,亦可謂「用人之智」,兩者兼而有之,加「之力」二字實爲畫蛇添足,失之偏頗;且上文有「善用人者爲之下」,「用人」後無「之力」。故當從帛書本。

　　本章整理:善爲士者不武,善戰者不怒,善勝敵者弗與,善用人者爲之下。是謂不爭之德,是謂用人,是謂配天,古之極也。

第七十一章　玄　用

襄（帛書甲）——攘（帛書乙、漢簡本、王弼本）

乃（帛書甲乙、漢簡本）——扔（王弼本）

帛書甲：是胃行无行，襄无臂，執无兵，乃无敵矣。（72）

帛書乙：是胃行无行，攘无臂，執无兵，乃无敵。（35 上）

漢簡本：攘无臂，執无兵，乃无適。（91-92）

王弼本：攘无臂，扔無敵，執無兵。（12-289）

《說文・手部》：「攘，推也。从手襄聲。」邵英《群經正字》：「此即推讓之本字。揖讓之讓，亦作此。故《說文》與『揖』字聯文。今經典統作『讓』……今俗但知『攘』爲『攘卻』、『攘奪』，竟不知爲『推讓』、『揖攘』字矣。」段玉裁《說文解字注・手部》：「推手使前也。古推讓字如此做。」《廣韻・陽韻》：「攘，挻袂出臂曰攘。」《孟子・盡心下》：「馮婦攘臂下車。」曹植《美女篇》：「攘袖見素手，皓腕約金環。」《說文・衣部》：「襄，漢令：解衣而耕謂之襄。」《正字通・衣部》：「襄，舉也，昂也。」鄒陽《上吳王書》：「臣聞蛟龍襄首奮翼，則浮雲出流，霧雨咸集。」《漢書・敘傳下》：「雲起龍襄，化爲侯王。」顏師古注：「襄，舉也。」攘從手、襄從衣，從衣從手，意爲捋起袖子，露出手臂，或推或舉，因義成詞。故攘、襄義有可通，可互用。

襄爲心母陽部，攘爲日母陽部，聲母爲舌尖前和舌面前音，日母音方音中比較複雜，與唇、舌、齒、牙、喉音皆有互諧例；攘從襄得聲。故襄、攘音通可借。「襄」乃「攘」之假借字。

乃、扔音通可借（見第 38 章）。《說文・乃部》：「乃，曳詞之難也。象气之出難。凡乃之屬皆从乃。𠄎，古文乃。𠃊，籀文乃。」徐灝注箋：「古或用爲轉語，或爲發語。許云『曳詞之難』，足以包舉眾義。」《爾雅・序》邢昺疏：「若乃者，因上起下語。」王引之《經傳釋詞》卷六：「乃，猶於是也。」「猶然後也。」《書・堯典》：「乃命羲和，欽若昊天。」蔡沈《集傳》：「乃者，繼事之辭。」故「扔」爲「乃」之假借字。王弼等本作「扔無敵」，義不可通，或與「執无兵」義相重複。帛書本「乃无敵」文中之尾，爲總結前文之辭。

王弼本當作「乃無敵」，其注云：「言無有與之抗也。」沒有能與之相抗衡的，則爲「乃無敵」之義。

　　於（帛書甲）——大（帛書乙、漢簡本、王弼本）
　　適（帛書甲）——敵（帛書乙、王弼本）
　　无適（帛書甲、漢簡本）——無敵（帛書乙）——輕敵（王弼本）
帛書甲：㢙莫於於无適。（72-73）
帛書乙：禍莫大於無敵。（35 上）
漢簡本：禍莫大於無適。（92）
王弼本：禍莫大於輕敵。（12-289）

帛書甲本第一個「於」，與「大」在形、音、義上皆不能相通。從上下文看，「於」當爲誤字。

「輕」指程度、數量上的淺、少；「無」則完全沒有。在某種場合的語句立，「輕」與「無」有相通之處，如《韓非子・喻老》：「無勢之謂輕，離位之謂躁。」但在本文此處，「輕」作動詞用，爲「輕視、不看重」之意。《書・太甲》：「無輕民事惟難。」《鶡冠子・天權》：「人之輕死，生之故也；人之輕安，危之故也。」「輕」與「無」不能互換。王弼本本作「無敵」，之所以改爲「輕敵」，或與前「乃無敵」有關。前句說「乃無敵」，此句緊接著又說無敵乃莫大之禍。義似有矛盾之處，故改爲「輕敵」。王弼注亦云：「言吾哀慈謙退，非欲以取強無敵於天下也，不得已而卒至於無敵，斯乃吾之所以爲大禍也。」即認爲前「無敵」與此處的「無敵」有關聯。殊不知《老子》行文多跳越性極強。前一「無敵」是在無爲的前提下得出的結論，並非現實中的強大而無敵於天下之意，指的是因爲自己所在一方的行無爲之事，不結怨於

人，消除了彼此的怨恨之心，和合如一，消弭戰爭於無形，故無敵人也。此處的「無敵」是站在對立的層面上來說的，是凌駕於對方之上的「無敵」，故此「無敵」則會高高在上，在人之前、之先；不會有慈悲之心；且廣大悉備，不會有儉、嗇之事。故曰「盡亡吾寶」。會引起對方的恐懼、擔心與憂慮，從而引起彼此的軍備競賽，禍則因此而起。當從古本作「無」。

適爲端母陽部，敵爲定母陽部，聲母皆爲舌尖中音；適、敵皆從「啻」得聲。故音通可借。

《說文‧攴部》：「敵，仇也。从攴啻聲。」《書‧微子》：「相爲敵讎。」《爾雅‧釋詁》：「敵，當也。」邢昺疏：「仇匹相當也。」《戰國策‧秦策五》：「四國之兵敵。」高誘注：「敵，強弱等也。」「敵」與「適」通。《廣雅‧釋詁一》：「敵，正也。」王念孫《疏證》：「敵，讀爲適……《士喪禮》注云：『適室，正寢之室也。』《公羊傳‧隱公元年》：『立適以長。』何休注云：『適，謂適夫人之子，尊無與敵也。』《雜記》：『大夫訃於同國適者。』鄭玄注云：『適，讀爲匹敵之敵。』敵、適義相近，古多通用。」《禮記‧玉藻》：「敵者不在，拜於其室。」《馬王堆漢墓帛書‧稱》：「故立天子者，不使諸侯疑焉；立正適者，不使庶孽疑焉。」

「適」爲「敵」之假借字。

斤（帛書甲）──近（帛書乙）──幾（漢簡本、王弼本）
亡（帛書甲乙、漢簡本）──喪（王弼本）
帛書甲：无適斤亡吾吾葆矣。（73）
帛書乙：無敵近亡吾琛矣。（35 上）
漢簡本：無適則幾亡吾葆矣。（92）
王弼本：輕敵幾喪吾寶。（12-289）

斤屬見母眞部，近屬群母文部，幾屬見母微部，聲母皆爲舌根音，「眞」、「文」旁轉，「微」、「文」對轉，「微」、「眞」旁對轉。故斤、近、幾音通可借。《爾雅‧釋詁下》：「幾，近也。」《易‧小畜》：「月幾望。」幾、近有「幾乎」、「差不多」的意思。故「斤」爲「近」之假借字；「近」、「幾」乃同義互用。

《說文‧哭部》:「喪，亾也。从哭从亾。會意。亾亦聲。」《集韻‧陽韻》:「亡，或作亾。」《詩‧大雅‧皇矣》:「受祿無喪，奄有四方。」喪，丟掉、失去之義。《增韻‧陽韻》:「亡，失也。」《易‧旅》:「射雉一，矢亡。」孔穎達注:「射之而復亡失其矢。」故亡、喪義同可通用。

帛書甲本衍一「吾」字。甲本此段一誤一衍，錯誤相對較多。帛書甲本第一句:「用兵有言曰:吾不敢爲主而爲客，吾不進寸而芮尺。」與它本比較:「用兵有言曰:吾不敢爲主而爲客，不敢進寸而芮尺。」多一「吾」字，少一「敢」字，

稱（帛書甲）──抗（帛書乙、王弼本）──亢（漢簡本）
若（帛書甲乙、漢簡本）──加（王弼本）
帛書甲：故稱兵相若。（73）
帛書乙：故抗兵相若。（35上）
漢簡本：故亢兵相若。（92）
王弼本：故抗兵相加。（12-289）
《說文‧禾部》:「稱，銓也。从禾再聲。」段玉裁注:「再，并舉也。今皆用稱。」《書‧牧誓》:「稱爾戈，比爾干，立爾矛。」孔安國傳:「稱，舉也。」孔穎達疏:「戈短，人執以舉之，故言稱。」《詩‧豳風‧七月》:「躋彼公堂，稱彼兕觥。」朱熹《詩集傳》:「稱，舉也……舉酒而祝其壽也。」《左傳‧襄公八年》:「汝何故稱兵於蔡?」杜預注:「稱，舉也。」《呂氏春秋‧孟春》:「是月也，不可以稱兵，稱兵必有天殃。」高誘注:「稱，舉也。」

《廣雅‧釋詁一》:「抗，舉也。」「張也。」《詩‧小雅‧賓之初筵》:「大侯既抗，弓矢斯張。」毛傳:「抗，舉也。」故稱、抗義同可互用，皆有「舉」意。

《說文‧亢部》:「亢，人頸也。从大省，象頸脈形。凡亢之屬皆从亢。頏，亢或从頁。」段玉裁注:「亢之引申爲高也，舉也。」《楚辭‧卜居》:「寧與騏驥亢軛乎!」王逸注:「亢，一作抗。」洪興祖補注引五臣云:「騏驥抗軛，謂與賢才齊列也。抗，舉也。」章炳麟《新方言‧釋言》:「戴物於上曰亢，淮西謂戴物頭上舉之曰亢。」抗、亢皆爲溪母陽部字，音義通可互用。

「若」有等同、相當之義。《孟子・滕文公上》：「布帛長短同，則賈相若。」「舉兵相若」，猶所舉之兵力旗鼓相當。

《廣韻・麻韻》：「加，陵也。」《論語・公冶長》：「我不欲人之加諸我也，吾亦欲無加諸人。」何晏《集解》：「加，陵也。」《字彙・力部》：「加，施也。」「抗兵相加」，猶舉兵相互陵駕於對方，或舉兵施及對方，為短兵相接之時。據帛書甲乙本、北大漢簡本和傅奕本，當從「若」。

「相若」與「相加」雖有區別，但對於理解《老子》文義則沒有歧義性的妨礙，都是在兩軍對陣、對壘之時，士軍的內在心理趨向決定了戰爭的勝負。王弼注云：「哀者必相惜而不趣利避害，故必勝。」相惜則有同仇敵愾的決心，故必勝；反之，心浮氣傲，則是驕兵，必敗。

哀（帛書甲、漢簡本、王弼本）──依（帛書乙）

帛書甲（73）、漢簡本（92）：則哀者勝矣。

帛書乙：則依者朕〔矣〕。（35 上）

王弼本：哀者勝矣。（12-289）

帛書《老子》甲本第 31 章：「殺人眾，以悲依立之。」《說文・口部》：「哀，閔也。從口衣聲。」《爾雅・釋訓》：「哀哀，悽悽，懷報德也。」《詩・小雅・蓼莪》：「哀哀父母，生我劬勞。」戰爭中，以哀者勝；戰後，則以喪禮、悲哀對待之。故嚴遵《指歸》云：「慈哀發動，因天之心。」天之心玄矣，《老子》此文中或有以德報怨之義。哀、依皆為影母微部字，皆從「衣」得聲，故音通可借。「依」乃「哀」之假借字。

　　本章整理：用兵有言曰：吾不敢為主而為客，不敢進寸而退尺。是謂行无行，攘无臂，執无兵，乃无敵矣。禍莫大於无敵，无敵幾亡吾寶矣。故抗兵相若，則哀者勝矣。

第七十二章 知 難

人（帛書甲）──天下（帛書乙、漢簡本、王弼本）

帛書甲：而人莫之能知也，而莫之能行也。言有君，事有宗。（74）

帛書乙：而天下莫之能知也，莫知能行也。言有宗，事有君。（35下）

漢簡本：而天下莫之能智，莫之能行。言有宗，事有君。（93）

王弼本：天下莫能知，莫能行。言有宗，事有君。（12-289）

傅奕本作：「而人莫之能知，莫之能行。言有宗，事有主。」《說文·人部》：「人，天地之性最貴者也。此籀文。象臂脛之形。」甲骨文象側面站立拱手之形，爲有禮儀者也，爲有理性者也，以區別於動物之本能性。《釋名》：「人，仁也，仁生物也。」《說文·一部》：「天，顚也。至高無上，從一大。」甲金文一爲頭或額，大爲人形。「天下」指天下之人、所有的人，《戰國策·魏策》：「天下縞素。」《孟子·公孫丑下》：「天下順之。」故「人」與「天下」義同不悖。

後兩句帛書甲本作「言有君，事有宗」，君、宗與它本皆前後倒置，言有宗旨，故有宗；事有主次，故有君臣，言宗於自然，事作於無爲。故當從眾本。

夫（帛書甲乙、王弼本）──天（漢簡本）

帛書甲：夫唯无知也，是以不〔我〕知，〔知我者希，則〕我貴矣。（74-75）

帛書乙：夫唯无知也，是以不我知，知者希，則我貴矣。（35下-36上）

漢簡本：天唯無智，是以不吾智。智我者希，則我貴矣。（93-94）

王弼本：夫唯無知，是以不我知。知我者希，則我者貴。(12-289)

隸書「天」字出頭則為「夫」，漢簡本此處「天」為「夫」之形誤。

帛書乙本「知者希」之「知」下脫一「我」字；王弼本「則我者貴」從上而誤抄一「者」字。

裹（帛書甲乙）──懷（漢簡本、王弼本）

帛書甲：是以聖人被褐而裹玉。(75)

帛書乙：是以耵人被褐而裹玉。(36 上)

漢簡本：是以聖人被褐而懷玉。(94)

王弼本：是以聖人被褐懷玉。(12-289)

《說文·衣部》：「裹，俠也。从衣眔聲。一曰橐。」段玉裁注：「俠，當作夾，轉寫之誤。」又「今人用懷挾字，古作裹夾。」《六書正譌》：「裹，藏挾于衣中也。」《漢書·地理志序》：「堯遭洪水，裹山襄隣。」《書·堯典》「裹」作「懷」。又《漢書·外戚傳》：「元延二年（許美人）裹子，其十月乳。」顏師古注：「裹，本懷字。」《詩·小雅·谷風》：「將恐將懼，寘予于懷。」故「裹」、「懷」當為古今字。《說文·心部》：「懷，念思也。从心裹聲。」《詩·豳風·東山》：「不可畏也，伊可懷也。」鄭玄箋：「懷，思也。」「懷」有懷藏之義，《禮記·曲禮上》：「賜果於君前，其有核者懷其核。」

「夫唯无知」，其「知」的對象，指上文言、事之內行於實踐，即知行合一。正因為天下之人「莫之能知，莫之能行」，故不能了解我所說的道。了解道的人非常少，那麼我所說的道就很珍貴了。

蔣錫昌云：「《道德真經集注》引王弼注：『故曰：知我者希，則我貴也。』是王本作『則我貴矣』，當據改正。今本經注『貴』上並衍『者』字，誼不可說。《蜀志·秦宓傳》與《漢書·揚雄傳》顏注均作『知我者希，則我貴矣』。」〔註1〕

王弼注：「被褐者，同其塵，懷玉者，寶其真也。聖人之所以難知，以其同塵而不殊，懷玉而不渝，故難知而為貴也。」難知是因為眾人少有踐行於道者，而得道者又更是少之又少，故道貴而難知。「聖人被褐懷玉」是果而不是因，王弼說顛倒。

〔註 1〕 蔣錫昌：《老子校詁》，商務印書館，1937 年，第 422 頁。

　　本章整理：吾言甚易知也，甚易行也。而天下莫之能知也，莫之能行也。言有宗，事有君。夫唯无知也，是以不我知。知我者希，則我貴矣。是以聖人被褐而懷玉。

第七十三章　知　病

　　帛書甲：知不知，尙矣；不知不知，病矣。是以聖人之不病，以亓〔病病也，是以不病〕。（75-76）

　　帛書乙：知不知，尙矣；不知知，病矣。是以耵人之不〔病〕也，以亓病病也，是以不病。（36 上-36 下）

　　漢簡本：智不智，上矣；不智智，病矣。夫唯病病，是以不病。聖人[之不]病，以其不病[病也，是以]不病。（95）

　　王弼本：知不知，上；不知知，病。夫唯病病，是以不病。聖人不病，以其病病，是以不病。（12-289）

　　帛書甲「不知不知」，爲在第一個「不」下有一重文符號「＝」，似乎多一「不」字。漢簡本最後一句：「以其不病[病也，是以]不病。」第一個「不」爲衍字。傅奕本「尙」字與帛書本同。

　　知，既指知識，又指智能、機巧。嚴遵《指歸》云：「是以聖人知而弗爲，能而不任。」「道者以無爲爲治，而知者以多事爲擾；嬰兒以不知益，高年以多事損。」「智巧，擾亂之羅也，有爲，敗事之綱也。」「故知而絕知，不困於知；不知用知，亦不困於知。」「絕知爲福，好知爲賊。」故本章開始幾句當釋爲：「知而不用知，尙矣；不知而用知，困矣。」即有知識和智能機巧而不用，這是最好的；沒有知識智能而用機巧，則事擾而多困、多患。根據《老子》文義，其實就是無爲與有爲的區別。

　　《淮南子・道應》對此處引文有加字：「知而不知，尙矣；不知而知，病也。」正是加了「而」字，使得本處的語法結構大變，後人多依此結構而作解釋，這種解釋恐怕有違《老子》的本義。第 63 章有「爲無爲，事無事，味

無味」，第 71 章有「行無行，攘無臂，執無兵」與「知不知」結構相同，中間不能加「而」字，否則文義大變，《老子》文本中也用「而」字，他也大可在此章中用之，而此處未用，當有其一貫的語法結構所反映的意義在裡面。《老子》基本上不會在前後相承的句子表達重複的意義，如第 13 章的最後兩句。按照正常的語法結構，「知不知，尚矣」可以翻譯爲「知道那不知的，是最好的」；「不知知，病矣」，翻譯爲「不知道那知的，則不好」，這是直譯。「尚」和「病」表示了所表達的意義應該相反，但是「知道那不知的」與「不知道那知的」意義是一致的，表達的都是「尚」之意。而帛書甲本「不知不知，病矣」才正是與前一句「知不知，尚矣」之義相反，所以本文當從帛書甲本，它本皆因後人的理解有誤而誤改。「看那看不到的東西，聽那聽不到的東西，知那不知的事物，才是眞理。」這是電影《達摩祖師》裏的臺詞，爲我們理解《老子》本章的意義有所啓示。後面的「不知」指的是不應該用人的眼耳鼻舌身意這些感官來覺知，正是這六根感官欺騙蒙蔽了我們的智慧，障礙了我們認識大道。

「是以聖人之不病也，以其病病也，是以不病。」「聖人之所以無患，是因爲以六根主動有爲爲患，是以無患、不被困擾。」「病病」連用時，第二個「病」當釋爲「六根之有爲」，即本文所說的「不知不知，病矣。」這個「不知不知」指不知道用非六根的覺知，否定之否定即肯定，即六根上的有爲。第一個「病」，可釋爲患、困擾。《戰國策·西周策》：「今圍雍氏五月不能拔，是楚病也。」高誘注：「病，困也。」困即難，《廣雅·釋詁三》：「病，難也。」《論語·憲問》：「修己以安百姓，堯舜其猶病諸？」何晏《集解》：「病，猶難也。」《廣韻·映韻》：「病，憂也。」《禮記·樂記》：「病不得其眾也。」鄭玄注：「病，猶憂也。以不得眾心爲憂。」《論語·衛靈公》：「君子病無能焉，不病人之不己知也。」邢昺疏：「病，猶患也。」「君子病無能」，其反面即「病病」，老子以有爲爲病，「病有爲」，即以有爲爲患。《莊子》云：「吾生也有涯，而知也無涯，以有涯逐無涯，殆矣。」「殆」也可訓爲「病」。以有限的人生去追逐對外界無限之認識，此乃有爲之爲，亦病矣。

漢簡本、傅奕本和王弼本等通行本皆有「夫唯病病，是以不病」一句，說的是原則，而聖人是按照這個原則去做的，所以「不病」。

本章整理：知不知，尚矣；不知不知，病矣。夫唯病病，是以不病。是以聖人之不病也，以其病病也，是以不病。

第七十四章　愛　己

畏（帛書甲乙）──威（漢簡本、王弼本）

帛書甲：〔民之不〕畏畏，則大〔威將〕至矣。（76）

帛書乙：民之不畏畏，則大畏將至矣。（36下）

漢簡本：（民）不畏威，則大威至矣。（97）

王弼本：民不畏威，則大威至。（12-289）

畏、威皆爲影母微部，音通可借。《說文·甶部》：「畏，惡也。从甶，虎省。鬼頭而虎爪，可畏也。㞴，古文省。」《廣雅·釋言》：「畏，威也。」《集韻·微韻》：「威，古作畏。」《書·皋陶謨》：「天明畏，自我明畏。」孔傳：「天明可畏，亦用民成其威。」孫星衍疏：「畏，一作威。明威，言賞罰。」《國語·魯語下》：「聞畏而往，聞喪而還。」汪遠孫《發正》：「畏，讀爲威……畏、威古字通。」《韓非子·主道》：「其行罰也，畏乎如雷霆，神聖不能解也。」

《釋名·釋言語》：「威，畏也，可畏懼也。」《書·洪範》：「嚮用五福，威用六極。」「威」，《史記·宋微子世家》、《漢書·五行志》引作「畏」。《國語·晉語八》：「欒書實覆宗，弒厲公以厚其家。若滅欒氏，則民威矣。」韋昭注：「威，畏也。」《莊子·漁父》：「未嘗見夫子遇人如此其威也。」郭象註：「威、畏義同。」

句中第二、三個「畏」乃「威」之假借字。所謂「民不畏威」，乃因爲有爲而導致的社會風氣如此。王元澤注云：「民樸而生厚，則畏威。上失其道，多乎有爲，以小道塞其生，故民巧僞雕薄，而威不能服也。夫如是則天誅所加，禍亂將起，故曰『大威至』。」民不畏威則輕狂，輕狂則無有敬畏之心，無敬畏之心則無所不爲，則天威至矣。

　　「矣」後有一黑點，表示章節的分隔符號號，說明此兩句爲單獨一章。如此一來，下文也能得到完美的解釋。河上公注：「威，害也。人不畏小害，則大害至。」本章也可以說是「存身之道」，嚴遵《指歸》云：「存身之道，莫急乎養神，養神之要莫甚乎素然。常體憂畏，慄慄震震。失神之術，本於縱恣；喪神之術，在於自專。故太上畏道，其次畏天，其次畏地，其次畏人，其次畏身。昌衰吉凶，皆由己出，不畏於微，必畏於章，患大禍深，以至滅亡。」「民不畏威，輕禁易入，身陷於司，大命絕天。」此章所講，與《論語·季氏》所說的敬畏之心同：「孔子曰：『君子有三畏：畏天命，畏大人，畏聖人之言；小人不知天命而不畏也，狎大人，侮聖人之言。』」孔子化用了其師老子之意。

　　闸（帛書甲）──伨（帛書乙）──柙（漢簡本）──狎（王弼本）
帛書甲：毋闸其所居，毋猒亓所生。（76）
帛書乙：毋伨其所居，毋猒亓所生。（36下）
漢簡本：毋柙其所居，毋厭其〔所〕生。（97）
王弼本：無狎其所居，無厭其所生。（12-289）
　　伨，或爲「命」之異體。命，古文甲。《說文·甲部》：「甲，東方之孟，陽気萌動，從木戴孚甲之象。一曰人頭宐爲甲，甲象人頭。凡甲之屬皆從甲。命，古文甲，始於十，見於千，成於木之象。」甲通狎，《爾雅·釋言》：「甲，狎也。」郭璞註：「謂習狎。」《詩·衛風·芄蘭》：「雖則佩韘，能不我甲。」毛傳：「甲，狎也。」朱熹集註：「甲，長也。言才能不足以長於我也。」陸德明《經典釋文》：「《韓詩》作狎。」《說文·木部》：「柙，檻也。以藏虎兕。從木甲聲。囲，古文柙。」《說文·門部》：「闸，開閉門也。從門甲聲。」

　　闸爲影母葉部，柙、狎爲匣母葉部，甲爲見母葉部，聲母皆爲舌面後音，闸、伨、柙、狎皆從「甲」得聲，故音通可借。闸、伨、柙乃「狎」之假借字。

　　《玉篇·犬部》：「狎，近也。」《書·太甲》：「予弗狎於弗順。」孔傳：「狎，近也。」《禮記·曲禮》：「賢者，狎而敬之，畏而愛之。」鄭玄註：「狎，近也，習也。謂附而近之，習其所行也。」狎，有親昵、玩賞之義。與此相近的詞語有：狎昵、狎息、狎處、狎宴、狎遊、狎賞、狎玩、狎戲。其義皆爲沉溺於其中的意思。

《集韻‧豔韻》：「厭，足也。」《書‧洛誥》：「萬年厭於乃德。」陸德明《經典釋文》：「馬云：厭，飫也。」《老子》第53章：「帶利劍，厭飲食，財貨有餘，是謂盜夸，非道也哉。」《左傳‧僖公三十年》：「夫晉何厭之有，既東封鄭，又欲肆其西封。」《史記‧刺客列傳》：「今秦有貪利之心，而欲不可足也。非盡天下之地，臣海內之王者，其意不厭。」引申之，則「厭」也有沉溺之義。《集韻‧感韻》：「厭，沉溺意。」

故「毋狎其所居」，義爲不要沉溺於其所居之處；「毋厭其所生」，即不要足其所生，義爲不要厚其所生。所居之處，所用之物，皆能使其「生生之厚」，皆能使其自貴其身。「夫唯弗厭，是以不厭。」正因爲不厚其居，不飽足其飲食，所以不會沉溺於其中。後一「厭」字，作「沉溺」解，與厭飫、滿足之義相通，《集韻‧感韻》：「厭，沉溺意。」正因爲不會沉溺於其中，所以才會「自知而不自見，自愛而不自貴。」兩千年來，無有能對此章作圓滿解釋者也，即使有解，也是前後乖謬，義不相屬，不能上下貫通。「狎」、「厭」皆有「厚」意、「沉溺」意。以此爲解，《老子》文義則迎刃而解。故當從王弼本作「狎」。

被（帛書甲、漢簡本）——罷（帛書乙）——彼（王弼本）

帛書甲（77）、漢簡本（98）：故去被取此。

帛書乙：故去罷而取此。（37上）

王弼本：故去彼取此。（12-289）

被、罷爲並母歌部，彼爲幫母歌部，聲母皆爲雙唇音，故音同可借。

《說文‧网部》：「罷，遣有辠也。从网、能。言有賢能而入网，而貰遣之。《周禮》曰：『議能之辟。』」

朱駿聲《說文通訓定聲‧隨部》：「被，叚借爲彼，實助語之辭。」《荀子‧宥坐》：「還復瞻被九蓋皆繼，被有說邪，匠過絕邪！」楊倞注：「被：皆當爲『彼』。」

《說文‧彳部》：「彼，往，有所加也。从彳皮聲。」《玉篇‧彳部》：「彼，對此之稱。」《詩‧小雅‧十月之交》：「彼月而微，此日而微。」《禮記‧檀弓》：「爾之愛我也，不如彼。」「被」、「罷」爲「彼」之假借字。

本章整理：民不畏威，則大威將至矣。毋狎其所居，毋厭其所生。夫唯弗厭，是以不厭。是以聖人自知而不自見也，自愛而不自貴也。故去彼取此。

第七十五章　任　爲

栝（帛書甲乙）──枯（漢簡本）──活（王弼本）

帛書甲：勇於敢者〔則〕殺，〔勇〕於不敢者則栝。（77-78）

帛書乙：勇於敢則殺，勇於不敢則栝。（37上）

漢簡本：勇於敢則殺，勇於不敢則枯。（99）

王弼本：勇於敢則殺，勇於不敢則活。（12-289）

帛書乙「勇」字從用從力。

　　栝爲見母月部，枯爲溪母魚部，活爲匣母月部，聲母皆爲舌面後音，魚、月通轉，音通可借。（亦見第 10 章）《說文‧木部》：「栝，炊竈木。從木舌聲。」《說文‧木部》：「枯，槀也。從木古聲。《夏書》曰：『唯箘輅枯。』」

　　《廣韻‧末韻》：「活，不死也。」《詩‧周頌‧載芟》：「播厥百穀，實函斯活。」鄭玄箋：「活，生也。」《詩‧邶風‧擊鼓》：「于嗟闊兮，不我活兮。」鄭玄箋：「女不與我相救活。」「栝」、「枯」、乃「活」之借。

　　「天之所惡，孰知其故」後，王弼本有「是以聖人猶難之」，帛書本、北大漢簡本無此句，景龍本、嚴遵本、遂州本、敦煌辛本、嚴遵本亦無此句，奚侗云：「『是以』一句誼與上下文不屬，蓋六十三章文複出於此。」其說是。當從帛書本和漢簡本。

單（帛書乙）──爭（漢簡本、王弼本）

帛書甲：天之〔道，不戰而〕善〔勝〕，不言而善應。（78-79）

帛書乙：天之道，不單而善朕，不言而善應。（37下）

漢簡本：天之道，不爭而善勝，不言善應。(99-100)
王弼本：天之道，不爭而善勝，不言而善應。(12-289)

「單」爲「戰」之借（說見第 70 章）。帛書乙第 69 章：「夫慈，以單則朕（勝）。」第 70 章：「善單者不怒。」今本《老子》第 67、68 章「單」皆作「戰」，又《馬王堆漢墓帛書・經・雌雄節》：「以求則得，以單則克。」

《詩・大雅・江漢》：「時靡有爭，王心載寧。」陸德明《經典釋文》：「爭，爭鬬之爭。」《呂氏春秋・順民》：「以與吳王爭一旦之死。」高誘注：「爭，決。」《說文・戈部》：「戰，鬬也。从戈單聲。」《正字通・戈部》：「戰，兵鬥也。」《書・甘誓》：「大戰於甘。」故爭、戰（單）爲同義替代。

彈（帛書甲）──單（帛書乙）──謲（漢簡本）──繟（王弼本）
帛書甲：不召而自來，彈而善謀。(79)
帛書乙：弗召而自來，單而善謀。(37 下-38 上)
漢簡本：弗召自來，謲然善謀。(100)
王弼本：繟然而善謀。(12-289)

王弼注云：「夫唯不爭，故天下莫能與之爭。順則吉，逆則凶，『不言而善應』也。處下則物自歸，垂象而見吉凶，先事而設誠，安而不忘危，未兆而謀之，故曰『坦然而善謀』也。」故王弼本「繟」亦應爲「坦」。

「戰」從「單」得聲，故能與「單」音通。戰爲章母元部，單爲端母元部，繟爲定母元部，坦爲透母元部，聲母皆爲舌尖中音。故戰、單、繟、坦音通可借。戰、單乃「繟」之假借字；繟、坦義同可互用。《廣雅・釋詁二》：「繟，緩也。」《廣韻・寒韻》：「繟，寬緩。」魏源《本義》：「繟，河上作墠，梁武作坦。繟、墠、坦三字通用。」《說文・土部》：「坦，安也。从土旦聲。」《玉篇・土部》：「坦，寬貌。」《論語・述而》：「君子坦蕩蕩，小人長戚戚。」何晏《集解》：「鄭曰：『坦蕩蕩，寬廣貌。』」《老子》文皆喜用相反相成之術語。如此文「不戰」與「勝」，「不言」與「應」，「不召」與「來」。

傅奕本和范應元本作「默然而善謀」，漢簡本的「謲從言從黑，或爲言之黑，會意字，當爲「默」，《廣韻・德韻》：「默，静也。」《正字通・黑部》：「默，不語也。」《易・繫辭上》：「或出或處，或默或語。」默的「静」義與「安」、「緩」之義通。「謀」爲商議之辭，與「默」之「静」義反。故「默」與「繟」、「坦」之義通可替用。

罔（帛書乙、漢簡本）——網（王弼本）

袿（帛書乙）——怪（漢簡本）——恢（王弼本）

帛書甲：天罔恢恢，**疏而**〔不失〕。（79）

帛書乙：天罔袿袿，**疏而不失**。（38 下）

漢簡本：天罔怪怪，**疏而不失**。（100）

王弼本：天網恢恢，**疏而不失**。（12-289）

罔，同「网（網）」，《易·繫辭下》：「作結繩而爲罔罟，以佃以漁。」陸德明《經典釋文》：「取獸曰罔，取魚曰罟。」比喻法網。《易·大壯》：「君子用罔。」王弼註：「君子用之，以爲羅己者也。」《詩·大雅·瞻卬》：「天之降罔，維其憂。」毛傳：「天下羅罔，以取有罪。」

《說文·网部》：「网，庖犧所結繩以漁。从冂，下象网交文。」《正字通·网部》：「网，網本字。」《詩·邶風·新臺》：「魚網之設，鴻則離之。」罔、網音義皆同，可通用。

袿袿，帛書小組注云：「通行本作『恢恢』，河上公注『甚大』。按《說文》『烓，大也』，與恢音義皆近。袿，蓋讀爲烓。」

《集韻·灰韻》：「恢，《說文》：『大也。』或作烌。」《正字通·火部》：「烌，俗烓字。」《說文·多部》：「烓，大也。从多圣聲。苦回切。」又《心部》：「恢，大也。从心灰聲。」烓、烌、恢音義皆同，聲符圣、灰可互換。

《說文·火部》：「灰，死火餘桑也。从火从又。又，手也。火既滅，可以執持。」又《土部》：「圣，汝潁之閒謂致力於地曰圣。从土从又。」段玉裁注：「致力必以手，故其字從又、土，會意。」五行相生相剋的原理中，火生土。火盡化爲灰，灰即土。「圣」字亦從土從又，與「灰」從火從又同義。故圣、灰可互換。

袿字不見於字書，當爲「怪」字的誤寫。「衣」與「心」古文形近。怪爲見母之部，恢爲溪母之部，聲母皆爲舌面後音，故音通可借。「怪」爲「恢」之假借字。

本章整理：勇於敢則殺，勇於不敢則活。此兩者或利或害。天之所惡，孰知其故？天之道，不爭而善勝，不言而善應，弗召而自來，繟然而善謀。天網恢恢，疏而不失。

第七十六章　制　惑

奈（帛書甲、漢簡本、王弼本）——若（帛書乙）

殺（帛書甲乙、漢簡本）——死（王弼本）

思（帛書甲）——矖（帛書乙）——懼（漢簡本）——懼（王弼本）

帛書甲：〔若民恒且不畏死〕，奈何以殺愳之也？（80）

帛書乙：若民恒且不畏死，若何以殺矖之也？（38上）

漢簡本：民恒不畏死，奈何其以殺懼之也？（101）

王弼本：民不畏死，奈何以死懼之？（12-289）

王引之《經傳釋詞》卷六：「奈，如也。奈何，如何也。」「如」又與「若」同義。楊樹達《詞詮》：「奈，外動詞。如也，若也。恒與疑問副詞『何』字連用。」《國語・晉語二》：「吾君老矣，國家多難，伯氏不出，奈吾君何？」又《經傳釋詞》卷七：「若，如也。若，猶奈也。凡經言『若何』、『若之何』者皆是。」《左傳・僖公十五年》：「寇深矣，若之何？」《國語・齊語》：「齊國寡甲兵，爲之若何？」奈爲泥母月部，若爲日母鐸部，聲母皆爲舌頭音，鐸、月通轉，音通可借。

《說文・殺部》：「殺，戮也。从殳杀聲。」殺與死義通，《孟子・盡心下》：「凶年不能殺。」《呂氏春秋・應同》：「及禹之時，天先見草木秋冬不殺。」

《說文・死部》：「死，澌也，人所離也。从歺从人。」段玉裁注：「《方言》：『澌，索也，盡也。』是澌爲凡盡之偁，人盡曰死。」《白虎通》：「死之言澌，精氣窮也。」《釋名・釋喪制》：「人始氣絕曰死。死，澌也，就消澌也。漢以來謂死爲物故，言其諸物皆就朽故也。」《莊子・知北遊》：「人之生，氣

之聚也。聚則爲生，散則爲死。」《關尹子·四符》：「生死者，一氣聚散耳。」
「死」亦有殺戮之義。《國語·越語下》：「死生因天地之刑。」韋昭注：「死，
殺也。」殺爲山母歌部，死爲心母脂部，「照二歸精」，聲母皆爲齒頭音，歌、
脂旁轉，故殺、死音通可借。

文中，死、殺呼應，殺是死的原因，死爲殺的結果，當從「殺」爲上。

《說文·心部》：「懼，恐也。从心瞿聲。愳，古文。」《集韻·遇韻》：「懼，
古作愳。」愳、懼爲古今異體字。《玉篇·心部》：「懼，驚也。」《戰國策·
魏策三》：「秦王懼然曰：『國有事，未澹下兵也，今以兵從。」《字彙·目部》：
「瞿，姓也。」

瞿、愳皆爲群母魚部，懼爲群母鐸部，魚、鐸對轉，故音通可借。「瞿」、
「愳」乃「懼」之假借字。

　　若（帛書甲）──使（帛書乙）──若使（漢簡本、王弼本）
　　是（帛書甲）──且畏（帛書乙）──不畏（漢簡本）──畏（王弼本）
　　畸（帛書乙、漢簡本）──奇（王弼本）
　　帛書甲：若民恒是死，則而爲者，吾將得而殺之，夫孰敢矣？（80）
　　帛書乙：使民恒且畏死，而爲畸者，〔吾〕得而殺之，夫孰敢矣？（38
上-38下）
　　漢簡本：若使民恒不畏死，而爲畸者，吾得而殺之，夫孰敢矣？
（101-102）
　　王弼本：若使民常畏死，而爲奇者，吾得執而殺之，孰敢？（12-289）
　　「若」可表示假設關係，乃「如果」之義。《左傳·僖公二十三年》：「公
子若反晉國，則何以報不穀？」「使」亦有「假使、假設、假若」之義。《國
語·吳語》：「使死者無知，則已矣；若其有知，吾何面目以見員也。」《論語·
泰伯》：「如有周公之才之美，使驕且吝，其餘不足觀也已。」《論衡·祀義》：
「使天地有口能食，祭食宜食盡。」

　　「若使」，亦猶假使、假如也。《晏子·外篇上》：「若使古之王者毋知有
死，自昔先君太公至今尚在，而君亦安得此國而哀之？」

　　「若使」乃複義詞，與「若」、「使」義同可通用。

「且」可作代詞，猶「此」，《詩‧周頌‧載芟》：「匪且有且，匪今斯今。」毛傳：「且，此也。非獨此處有此稼穡之事也。」「是」亦有「此」義，《廣雅‧釋言》：「是，此也。」《易‧乾‧文言》：「不見是而無悶。」又「是故居上位而不驕。」《論語‧述而》：「子於是日哭，則不歌。」孔穎達疏：「言孔子於是日聞喪，或弔人而哭，則終是日不歌也。」「且」、「是」有「如此、這般、這樣」的意思。《老子》此句義爲：「假使民眾常如此這般害怕死殺，那麼那些作奸犯科者，我可得而殺之，還有誰敢這樣爲惡者呢！」即：人民不怕死，以刑殺的方式是不起作用的；若民（喜生）怕死，則這種刑殺才能起到威懾的作用，人們自然不敢爲非作歹了。故「且」、「是」爲同義替代。

另外，帛書甲之「是」或爲「畏」之誤寫，帛書甲本此章僅有一個「畏」字，其字有點模糊，與「是」字下部相同，如是，則帛書乙本的「且」爲助詞，王引之《經傳釋詞》卷八：「且，句中語助也。」《莊子‧齊物論》：「誰獨且無師乎？」《管子‧大匡》：「夫雖不得行其知，豈且不有焉乎？」俞越《諸子平議》：「且乃語辭。」。漢簡本「恒不畏死」之「不」字，當爲誤衍。

帛書甲「則而爲者」脫一「奇」字，當爲「則而爲奇者」。

畸爲見母歌部，奇爲群母歌部，聲母皆爲牙音，故音通可借。《廣雅‧釋詁二》：「畸，衺也。」《荀子‧天論》：「故道之所善，中則可從，畸則不可爲，匿則大惑。」楊倞注：「畸者……謂偏也。」《睡虎地秦墓竹簡‧爲吏之道》：「申之義，以毀畸，欲令之具下勿議。」「奇」亦有奇邪、不正之義。《睡虎地秦墓竹簡‧法律問答》：「擅興奇祠，貲二甲。何如爲奇？王室所當祠固有矣，擅有鬼立殹爲奇，它不爲。」《說文‧可部》：「奇，異也。一曰不耦。從大從可。」《說文‧田部》：「畸，殘田也。從田奇聲。」故畸、奇音義皆同，可互用。帛書甲本奪一「畸」字。本段當從帛書乙本。

伐（帛書甲）——代（帛書乙、漢簡本、王弼本）
帛書甲：若民〔恒且〕必畏死，則恒有司殺者；夫伐司殺者殺，是伐大匠斲也。（80-81）
帛書乙：若民恒且必畏死，則恒又司殺者；夫代司殺者殺，是代大匠斲。（38下）
漢簡本：恒有司殺者，夫代司殺者殺，是代大匠斲也。（102）
王弼本：常有司殺者殺，夫代司殺者殺，是謂代大匠斲。（12-289）

伐、代音義不類，因形近而筆誤。楚系文字「伐」、「代」不分，皆寫作「伐」，如《信陽一號墓竹簡》第6簡：「皆三伐之子孫。」〔註1〕

帛書甲乙本有「若民恒且必畏死」，漢簡本和傳世本皆無此句，從文本的前後邏輯照應來看，當有此句為上，它表明了一中敬畏天命的觀念，如果敬畏天命，天道（大匠）則是司殺者，人們則必然畏懼天道（大匠）的司殺。所以以人為的行使司殺代替無為的天道司殺，則很少不會犯下殺戮的過錯的。

本章整理：若民恒且不畏死，奈何以殺懼之也？若民恒且畏死，而為奇者，吾得而殺之，夫孰敢矣？若民恒且必畏死，則恒有司殺者。夫代司殺者殺，是代大匠斲也。夫代大匠斲者，則希不傷其手矣。

〔註 1〕滕壬生：《楚系簡帛文字編》，武漢：湖北教育出版社，2008 年 10 月，第 748、751 頁。

第七十七章　貪　損

飢（帛書甲乙、漢簡本）──饑（王弼本）

迻（帛書甲）──跂（帛書乙）──脫（漢簡本）──稅（王弼本）

帛書甲：人之飢也，以亓取食迻之多也，是以飢。（82）

帛書乙：人之飢也，以亓取食跂之多，是以飢。（39上）

漢簡本：人之飢也，以其取食脫之多也，是以飢。（104）

王弼本：民之饑，以其上食稅之多，是以饑。（12-289）

《說文・食部》：「飢，餓也。从食几聲。」《玉篇》：「飢，餓也。」慧琳《一切經音義》卷二十九引《倉頡篇》曰：「飢，餒也，腹中空也。」《書・舜典》：「黎民阻飢。」朱駿聲《說文通訓定聲・履部》：「飢，叚借爲饑。」《墨子・七患》：「五穀不收謂之飢。」《管子・五輔》：「纖嗇省者用以備飢饉。」

《說文・食部》：「饑，穀不孰爲饑。从食幾聲。」《詩・小雅・雨無正》：「降喪飢饉。」毛傳：「穀不熟曰饑，蔬不熟曰饉。」朱珔《說文假借義證・食部》：「饑，下『飢』字云：『餓也。』義各別。後遂多通借用之。」《墨子・辭過》：「是以其民饑寒並至。」飢爲見母脂部，饑爲見母微部，脂、微旁轉，二字音通可借。

是「飢」、「饑」本有別，但在運用的過程中混而用之，相互爲借。本文字當從「飢」。

《字彙補・足部》：「跂，羊拙切，音悅。」《篇海類編》：「跂，步楚也。」跂從足兌聲。從足與從辶、辵、走、之、止義通，皆與足、腳、趾有關。故迻、跂當爲一字之異體，皆爲餘母月部字，脫爲透母月部字，稅爲書母月部字，喻

四歸定，聲母皆爲舌頭音；逆、跣、稅皆從「兌」得聲，故音通可借。逆、跣、脫乃「稅」之假借字。《說文・禾部》：「稅，租也。从禾兌聲。」《六書故・植物二》：「稅，田賦也。」又「稅，凡賦取者皆曰稅。」朱駿聲《說文通訓定聲・泰部》：「稅，稅有三：《孟子》『粟米之征』，即《周禮・旅師》之『鋤粟』，此田稅也；『力役之征』，即《周禮・鄉大夫》之『辨其可任者……皆征之』，此丁稅也；『布縷之征』，即《周禮・太宰》之『嬪貢』，此宅稅也。……後世有關稅、牙稅、契稅及蘆課、茶課、礦課之類，亦稅也。」《漢書・食貨志上》：「稅謂……工商衡虞之入也。」顏師古注：「工、商、衡、虞雖不墾殖，亦取其稅者，工有技巧之作，商有行販之利，衡虞取山澤之材產也。」

　　帛書本「取食稅」，王弼等本作「上食稅」。「食稅」爲名詞，即糧食稅，「其上食稅」之「其」本來是主語，則「上」應爲謂語，有進呈、奉獻之義，《莊子・說劍》：「宰人上食。」其義爲：是因爲老百姓進奉的食物稅多的緣故，所以才會有飢餓的現象。帛書本和漢簡本的主語則爲上層機構的官僚：「是因爲政府收取食物稅多的緣故，所以老百姓才會有飢餓的現象。但第二句「以其上之有以爲也」之「上」字，作名詞，當指在百姓階層之上的政府官僚，所以「其」字當根據句子的結構和其上下語境來作判斷。另外，帛書本、漢簡本以及嚴遵本前三句的開頭依次是「人」、「百姓」、「民」，它本皆作「民」。
　　而且本段中前三句的結構是「之」之結構，如「人之飢也，以其取食稅之多也，是以飢。」「之」，用作助詞，《爾雅・釋詁下》：「之，間也。」邢昺疏：「間，謂間隙也。」王引之《經傳釋詞》卷九：「之，言之間也。」或用於句子的主謂結構之間，取消句子的獨立性：如「人之飢」、「百姓之不治」、「民之輕死」、「上之有以爲」，以及第二章的「有无之相生也……恒也」等；或用於中心詞和補語之間：「其取食稅之多」、「其生之厚」。根據本章統一使用「之」字結構的情況，當從帛書乙本。

　　百姓（帛書甲、漢簡本）──百生（帛書乙）──民（王弼本）
　　不（帛書甲乙、漢簡本）──難（王弼本）
　　帛書甲：百姓之不治也，以亓上有以爲也，是以不治。（82-83）
　　帛書乙：百生之不治也，以亓上之有以爲也，〔是〕以不治。（39上-39下）

漢簡本：百姓之不治也，以上之有以爲也，是以不治。（104-105）
王弼本：民之難治也，以其上之有爲，是以難治。（12-289）

《說文‧女部》：「姓，人所生也。古之神聖母，感天而生子，故稱天子。從女從生，生亦聲。《春秋傳》曰：『天子因生以賜姓。』」徐灝注箋：「姓之本義謂生，故古通作生，其後因生以賜姓，遂爲姓氏字耳。」生、姓爲古今字。帛書乙本用的是本字。《管子‧大匡》：「夫君以怒逐禍，不畏惡親，開容昏生，無醜也。」戴望《校正》：「昏讀爲泯，生讀爲姓。毛傳曰：『泯，滅也。』《廣雅》曰：『醜，恥也』……由其滅姓，無恥之甚，謂公與文姜淫，播其惡於萬民。」《書‧泰誓中》：「百姓有過，在予一人。」孔穎達疏：「此『百姓』與下『百姓懍懍』皆謂天下眾民也。」《論語‧顏淵》：「百姓足，君孰與不足？百姓不足，君孰與足？」

《說文‧民部》：「民，眾萌也。从古文之象。」《說文‧人部》：「人，天地之性最貴者也。此籀文。象臂脛之形。」《釋名》：「人，仁也，仁生物也。」《禮記‧禮運》：「人者，天地之德，陰陽之交，鬼神之會，五行之秀氣也。」

《詩‧大雅‧假樂》：「宜民宜人，受祿於天。」本詩下一章中：「穆穆皇皇，宜君宜王。」「君」與「王」同，是「人」與「民」亦同。《詩‧大雅‧生民》：「厥初生民，時維姜嫄。」《左傳‧成公十三年》：「民受天地之中以生。」孔穎達疏：「民者人也。言人受此天地中和之氣以得生。」《淮南子‧主術》：「食者，民之本也。」

姓強調的是人的血緣關係，百姓是指各種不同血緣關係的群體；民強調的是人初生時的萌萌狀態，故古文突出眼睛這一特徵；而人是脫離了蒙昧時期的受過教育的有禮貌、有理性的人。人以有爲的方式收取食稅，故導致飢餓；上之有爲，故導致百姓的不治；蒙昧之民的本能是求生，求生之厚是易導致走向死亡。

難亦有否定義。《玉篇‧隹部》：「難，不易之稱。」《書‧皋陶謨》：「惟帝其難之。」孔傳：「言帝堯亦以知人安民爲難。」「難」有不可之義，《戰國策‧中山策》：「且張登之爲人也，善以微計薦中山之君久矣，難信以爲利。」高誘注：「不可信其言以爲己利也。」《玉篇‧不部》：「不，弗也。」《易‧无妄》：「不耕穫，不菑畬。」難、不義通可互用。但難的否定程度輕，而「不」的程度重，爲完全否定。對於有爲之法，《老子》是完全否定的，故當從帛書本作「不治」。

巠（帛書甲）──輕（帛書乙、漢簡本、王弼本）

帛書甲：民之巠死，以亓求生之厚也，是以巠死。（83）

帛書乙：民之輕死也，以亓求生之厚也，是以輕死。（39下）

漢簡本：民之輕死也，以其生之厚也，是以輕死。（105）

王弼本：民之輕死，以其求生之厚，是以輕死。（12-289）

巠爲見母耕部字，輕爲溪母耕部字，聲母皆爲舌面後音，且「輕」從「巠」得聲。故巠、輕音通可借。「巠」乃「輕」之假借字。「輕」爲輕易、容易之義。河上公注云：「人民輕犯死者，以其求生活之道太厚，貪利以自危。以求生太厚之故，輕入死地也。夫唯獨無以生爲務者，爵祿不干於意，財利不入於身，天子不得臣，諸侯不得使，則賢貴生也。」《鶡冠子·天權》：「人之輕死，生之故也；人之輕安，危之故也。」《孟子·梁惠王上》：「然後驅而之善，故民從之也輕。」

最後一句，帛書本爲「是賢貴生」，即「這就是眞正地以生爲貴」，在這裡，「貴生」或爲中性詞。通行本作「是賢於貴生」，「於」有比較義，即「這樣比貴生、厚生要好」，其「貴生」即「厚生」，爲貶義詞。「無以生爲」即排斥厚生，因爲厚生能「輕死」，沒有一點好處。細細深入文意，無爲是其主旨，「生」是中性詞，加上「厚」是貶義詞，加上「貴」則應該是褒義詞，不存在比較的意思，當從帛書本和漢簡本。從河上公的注中，可知河上公本是「賢貴生」，而不是「賢於貴生」。

本章整理：人之飢也，以其取食稅之多也，是以饑。百姓之不治也，以其上之有以爲也，是以不治。民之輕死也，以其求生之厚也，是以輕死。夫唯无以生爲者，是賢貴生。

第七十八章　戒　強

莅（帛書甲）──髋（帛書乙）──倰（漢簡本）

伔（帛書甲）──信（帛書乙、漢簡本）

賢（帛書甲）──堅（帛書乙、漢簡本、王弼本）

帛書甲：人之生也柔弱，亓死也莅伔賢強。（83-84）

帛書乙：人之生也柔弱，亓死也髋信堅強。（39下-40上）

漢簡本：人之生也柔弱，其死也倰信堅強。（107）

王弼本：人之生也柔弱，其死也堅強。（12-289）

　　帛書整理小組甲本（《中華道藏》）注：「莅，乙本作髋，義爲硬。伔讀爲肕。慧琳《一切經音義》卷五九：『堅韌，今作肕，同，而振反。《通俗文》：『柔堅曰肕。』《管子》：『筋肕而骨強。』是也。』《玉篇·肉部》：『肕，堅肉也。』《篆隸萬象名義·肉部》：『肕，脯堅。』皆指乾肉言，與此義尤近。」乙本（《中華道藏》）注：「『髋信』二字通行本無。髋從骨，恒聲，字書不見，疑其義與骾近。信，甲本作伔，蓋音近通假。《管子·內業》言人『筋信而骨強』，義與此近。」〔註1〕

　　《說文·韋部》：「韌，柔而固也。从韋刃聲。」《廣韻·震韻》：「肕，牢肕。」《集韻·震韻》：「肕，堅柔也。或从韋。」《管子·心術下》：「人能正靜者，筋肕而骨強。」郭沫若等集校引李哲明云：「肕，與韌同。」

　　上面所舉《管子》例子，「筋肕」與「筋信」同義，「信」爲「肕」之假借字。帛書甲乙本的「伔」、「信」亦當爲假借字，伔爲日母文部字，信爲心

〔註 1〕 張繼禹主編：《中華道藏》，北京：華夏出版社，2004年，第9冊，第12頁帛書甲注〔58〕。

母眞部，心母和日母互諧見前襄和攘互諧例，「文」、「眞」旁轉，音通可借，故仭、信音通可借。「仭」、「信」乃「肕」之假借字。

《說文‧木部》：「榬，竟也。从木，恆聲。亙，古文榬」「榬」從木與「莐」從⁺⁺義可通用，與「骺」從骨亦可通，皆可表示草木、人體筋骨的耐力性。段玉裁注：「今字多用亙，不用榬。」邵英《群經正字》：「此橫榬字，今文從古而又省作亙。」《顏氏家訓‧書證》：「彌亙字從二間舟。今之隸屬轉舟爲日。」

莐、骺當爲「筋」之假借字。榬、恆爲見母蒸部字，筋爲見母文部字，倰爲來母蒸部字，來母與見母在帛書《老子》中常有互諧例，也是複輔音〔kl〕的依據，「文」、「蒸」通轉。故榬、恆、筋、倰音通可借。

《說文‧筋部》：「筋，肉之力也。从力从肉从竹。竹，物之多筋者。」宋育仁《部首箋正》：「筋以束骨，故人力在筋。然不得離肉言之，故從肉。筋者，人身之物。」王筠《說文句讀》：「體有十二屬，皆有筋連屬之。筋力者，百事所由興，故作用出焉。」「筋」指附著在骨頭上的韌帶或肌腱。《左傳‧哀公二年》：「敢告無絕筋，無折骨，無面傷，以集大事。」《辭海》釋「筋」：「統指大筋、小筋、筋膜等。包括近代所稱韌帶、肌腱、筋膜等內容。」（醫藥衛生分冊，第 82 頁）韌帶：白色帶狀的結締組織。質堅韌，有彈性，能把骨骼連接在一起，並能固定肝、脾、腎等臟器的位置。《玉篇‧肉部》：「肕，堅肉也。」「肕（韌）」當指肌腱而言。本句義爲：人死後這些筋帶肕帶都變得僵硬了。「莐仭」或「骺信」爲「堅強」的主語。故莐、骺、倰當爲「筋」之假借字，仭、信爲「肕（韌）」之假借字。

按帛書整理小組「（甲本）莐，乙本作骺，義爲硬」的話，則「莐仭」或「骺信」爲「硬肕」。硬，與「堅強」義同，爲形容詞並列，亦可說的通。但與「肕」字義不相協調。按上所釋，「筋」、「肕」皆爲名詞，而「硬」、「肕」一爲形容詞，一爲名詞。「肕」有柔軟而結實之義，亦與《老子》所要表達的「僵直」之義相反，正相符合。故當作：「其死也筋肕堅強。」

《說文‧臤部》：「堅，剛也。从臤从土。」《廣雅‧釋詁一》：「堅，強也。」《孫子‧謀攻》：「故小敵之堅，大敵之擒也。」賢爲匣母眞部，堅爲見母眞部，聲母皆爲舌面後音，皆從「臤」得聲，故音通可借。「賢」乃「堅」之假借字。

脆（帛書甲、王弼本）──椊（帛書乙）──弱（漢簡本）

帛書甲（84）、王弼本（12-289）：萬物草木之生也柔脆。

帛書乙：萬〔物草〕木之生也柔椊。（40 上）

漢簡本：萬物草木之生也柔弱。（107）

椊爲從母物部，脆爲清母月部，聲母皆爲舌尖前音，「物」、「月」旁轉，故音通可借。《廣韻》：「脆，俗脃字。」《說文‧肉部》：「脃，小耎易斷也。從肉從絕省。」《周禮‧冬官考工記‧弓人》：「夫角之末，遠於剴而不休於氣，是故脃，脃故欲其柔也。」《集韻‧至韻》：「椊，木朽。」木朽則易散落。《說文‧弓部》：「弱，橈也。上象橈曲，彡象毛氂橈弱也。弱物并，故從二弓。」段玉裁注：「橈者，曲木也，引申爲凡曲之稱。直者多強，曲者多弱。」「曲似弓，故以弓象之；弱似毛弱，故以彡象之。」《玉篇‧弓部》：「弱，尫劣也。」《書‧洪範》：「六曰弱。」孔傳：「尫劣。」孔穎達疏：「尫劣并是弱事，爲筋力弱，亦爲志氣弱。」弱、脃義通可互用。「椊」乃「脆」之借。

棨（帛書甲乙）──苦（漢簡本）──枯（王弼本）

槀（帛書甲）──槁（帛書乙、王弼本）──蒿（漢簡本）

帛書甲：其死也棨槀。（84）

帛書乙：其死也棨槁。（40 上）

漢簡本：其死也苦蒿。（107）

王弼本：其死也枯槁。（12-289）

《說文‧木部》：「枯，槀也。從木古聲。《夏書》曰：『唯箘輅枯。』木名也。」《禮記‧月令》：「（孟夏）行冬令，則草木蚤枯。」《易‧大過》：「枯楊生稊。」孔穎達疏：「枯謂枯槁。」

棨，從木車聲，車 ju 爲見母魚部，苦、枯爲溪母魚部，聲母皆爲牙音，音通可借。棨、苦爲「枯」之假借字。

槀、槁、蒿皆從「高」得聲，高、槁爲見母宵部，蒿爲曉母宵部，聲母皆爲牙喉音，音通可借。《廣韻‧晧韻》：「槁，木枯也。《說文》作槀。」《說文‧木部》：「槀，木枯也。從木高聲。」《楚辭‧九歎‧远逝》：「草木摇落，时槁悴兮。」木枯含有死義，「槁」亦有死義，《說苑‧立節》：「吾若是而生，何面目而見天下之士，遂立槁於彭山之上。」《說文‧艸部》：「蒿，菣也。從

艸高聲。」《爾雅‧釋草》:「蘩之醜,秋爲蒿。」郭璞註:「醜,類也。春時各有種名,至秋老成,通呼爲蒿。」《集韻‧皓韻》:「槀,《說文》:『稈也。』或作蒿。」從木與從⁺⁺義通。

薨從死,亦有死義。故薨、槀音義皆通,可互用。字當從槀。

帛書甲:故曰:堅強者,死之徒也,柔弱微細,生之徒也。(84-85)
帛書乙:故曰:堅強,死之徒也,柔弱,生之徒也。(40 上)
漢簡本:故堅強者,死之徒也,柔弱者,生之徒也。(107-108)
王弼本:故堅強者,死之徒,柔弱者,生之徒。(12-289)

《廣雅‧釋詁二》:「微,小也。」《荀子‧非相》:「叶公子高微小短瘠。」楊倞注:「微,細也。」《說文‧糸部》:「細,微也。」微細有弱小之義,與柔弱義通互補。故爲承上之詞,上爲因,此爲果。「故曰」則爲引用之成語,也有承上之意。帛書乙當有「者」字,以成名詞,與下文「徒」相配:堅者強,死之徒也;柔弱者,生之徒也。

恒(帛書甲)──兢(帛書乙)──核(漢簡本)──兵(王弼本)
帛書甲:兵強則不勝,木強則恒。(85)
帛書乙:〔是〕以兵強則不朕,木強則兢。(40 下)
漢簡本:是以兵強則不勝,木強則核。(108)
王弼本:是以兵強則不勝,木強則兵。(12-290)

嚴遵、傅奕、范應元等本「兵」字均作「共」,《道藏》王弼本亦作「共」。遂州本作「拱」。《列子‧黃帝》:「老聃曰:兵彊則滅,木彊則折。」黃茂才《老子解》及俞樾《評議》據此認爲當作「折」,以爲「共」、「兵」於義皆不通。

高明云:「『恒』字從『亘』得音,與『兢』字同爲見紐字。古韻『亘』在蒸部,『兢』字在陽部,『蒸』、『陽』屬旁轉。『恒』、『兢』古音同可互假,但與『折』字音義絕遠。……『共』字與『恒』、『兢』古讀音相同,在此均當假借爲『烘』。《爾雅‧釋言》:『烘,燎也。』《詩‧小雅‧白華》:『樵彼桑薪,卬烘於煁。』毛傳:『卬,我;烘,燎也。』鄭箋:『桑薪,薪之善者也。』『木強則烘』,猶言木強則爲樵者伐取,燎於烓竈也。」

嚴遵《指歸》云：「燔焯枯槁者，以其剛強也。」燔焯，即焚燒，乃「烘」之義。《爾雅・釋言》：「烘，燎也。」郭璞注：「謂燒燎也。」郝懿行《義疏》：「燎者，《說文》云：『防火也。』《廣雅》云：『燒也。』燒、燎義同。」

恒爲匣母蒸部，兢爲見母蒸部，共爲群母東部，烘爲曉母東部，核爲匣母职部，聲母皆爲舌根音，蒸、職對轉，「蒸」、「東」旁轉。故四字音通可借。

斤爲見母文部字，蒸文通轉，故兢與斤音通可借，兢或爲斤之假借字。《說文》：「斤，斫木也。」與兵義通。

《說文・収部》：「兵，械也。从廾持斤，并力之皃。偁，古文兵，从人廾干。兵，籀文。」古文故「兵」爲雙手持斤之形，會意字，當爲動詞，有擊打、殺伐、砍伐之義。《左傳・定公十年》：「公會齊景公于夾谷，齊犁彌使萊人以兵劫公。孔子以公退，曰：『士兵之。』」杜預註：「以兵擊萊人。」《史記・伯夷列傳》：「左右欲兵之。」「木强則兵」，義爲手持斧鉞以砍伐成材之樹木。《金人銘》「青青不伐，將尋斧柯」即此意。《莊子》常用成材之木遭受砍伐來作比喻。《老子》亦云：「物壯則老，謂之不道。」「物壯」則强，强則易受殺伐，無論是人、事、物皆是如此；「老」則枯槁，枯槁則易被燒、燎。故「兵」、「共（烘）」義有所通，互用而於文義理解無礙。此處句子用「强」，强則折，故當從王弼本作「兵」，「折」從「斤」，與「兵」義同，皆爲砍伐之義。如用「老」或「枯」、「槁」則宜用「共（烘）」。雖然「烘」在此處也很適合，但它本未見用此字，不能擅改，故依王弼本。

本章整理：人之生也柔弱，其死也筋肕堅强；萬物草木之生也柔脆，其死也枯槁。故曰：堅强者，死之徒也；柔弱者，生之徒也。是以兵强則不勝，木强則兵。故强大居下，柔弱居上。

第七十九章 天　道

酉（帛書乙）──猶（漢簡本、王弼本）

帛書甲：天下〔之道，猶張弓〕者也。（85-86）

帛書乙：天之道，酉張弓也。（40下）

漢簡本：天之道，猶張弓者也。（110）

王弼本：天之道，其猶張弓與？（12-290）

　　酉、猶皆爲餘母幽部，「猶」從「酉」得聲，故音同可借。《廣韻・尤韻》：「猶，似也。」《詩・召南・小星》：「寔命不猶。」毛傳：「猶，若也。」《詩・小雅・鼓鐘》：「淑人君子，其德不猶。」《禮記・喪服》：「兄弟之子猶子也。」「酉」乃「猶」之假借字。

　　帛書甲本的「天下（之道）」，下面又作「故天之道」，故知「下」字誤衍。

印（帛書甲乙）──抑（漢簡本、王弼本）

帛書甲乙：高者印之，下者舉之。（86，40下）

漢簡本（110）、王弼本（12-290）：高者抑之，下者舉之。

　　印爲影母眞部字，抑爲影母質部字，「眞」、「質」對轉。故「印」、「抑」音通可借。

　　《說文・印部》：「印，執政所持信也。从爪从卪。」羅振玉《增訂殷墟書契考釋》：「卜辭『印』字從爪，從人跽形，象以手抑人而使之跽。其誼如許書之抑，其字形則如許書之印……予意許書印、抑二字古爲一字，後世之印信，古者謂之璽節，初無印之名。」「印之本訓既爲按抑，後世執政以印施

－579－

治，乃假按印之印字爲之。反印爲抑，殆出晚季，所以別於印信字也。」「印」之本義當爲按壓之義，與「抑」同。「印」、「抑」古文形同。《玉篇》：「𠃊，亦作抑。」《說文·印部》：「𠃊，按也。从反印。抑，俗从手。」商承祚《殷墟文字類編》「抑」之說與羅振玉「印」說相同，蓋古文字形同故也。《玉篇·手部》：「抑，按也。」《呂氏春秋·適威》：「若璽之與塗也，抑之以方則方，抑之以圓則圓。」「印」當爲初文，加「手」以別之，後「印」、「抑」分流矣。

補（帛書甲、王弼本）——輔（漢簡本）
帛書甲：有餘者敱之，不足者補之。（86）
帛書乙：有余者云之，不足者〔補之〕。（41 上）
漢簡本：有餘者損之，不足者輔之。（110）
王弼本：有餘者損之，不足者補之。（12-290）
　　《說文·衣部》：「補，完衣也。从衣甫聲。」《禮記·內則》：「衣裳綻裂，紉箴請補綴。」《正字通·衣部》：「補，助也。」《周禮·秋官·小行人》：「若國札喪，則令賙補之。」鄭玄注引鄭司農云：「賙補之，謂賙喪家，補助其不足也。」《史記·夏本紀》：「調有餘，補不足。」《漢書·董仲舒傳》：「凡所爲屑屑，夙興夜寐，務法上古者，又將無補與？」顏師古注：「補，益也。」
　　《說文·車部》：「輔，人頰車也。从車甫聲。」《廣雅·釋詁二》：「輔，助也。」《易·泰卦》：「輔相天地之宜。」《書·說命》：「朝夕納誨，以輔台德。」輔爲並母魚部，補爲幫母魚部，聲母皆爲唇音，輔、補音義皆通可借。

益（帛書乙）——奉（漢簡本）——補（王弼本）
帛書甲：故天之道，敱有〔餘而補不足〕。（86-87）
帛書乙：〔故天之道〕，云有餘而益不足。（41 上）
漢簡本：天之〔道〕，損有餘而奉不足。（111）
王弼本：天之道，損有餘而補不足。（12-290）
　　《說文·皿部》：「益，饒也。从水皿。皿，益之意也。」《廣韻·昔韻》：「益，增也。」「進也。」《書·大禹謨》：「滿招損，謙受益。」「損」、「益」對舉，當從帛書本作「益」。「益」有補、助之義，《呂氏春秋·觀世》：「與我齊者，吾不與處，無益我者也。」《戰國策·秦策二》：「於是出私金以益公賞。」姚宏注：「益，助也。」

《說文・収部》：「奉，承也。从手从廾，半聲。」《廣韻・腫韻》：「奉，與也。」《左傳・僖公三十三年》：「秦違蹇叔，而以貪勤民，天奉我也。」杜預注：「奉，與也。」奉亦有助義，爲「天助我也」。《淮南子・說林》：「人不見龍之飛舉而能高者，風雨奉之。」高誘注：「奉，助也。」

「補」亦有補、助之義。《正字通・衣部》：「補，助也。」《周禮・秋官・小行人》：「若國札喪，則令賻補之。」鄭玄注：「補助其不足也。」《史記・夏本紀》：「調有餘，補不足。」《漢書・董仲舒傳》：「凡所爲屑屑，夙興夜寐，務法上古者，又將無補與。」顏師古注：「補，益也。」

故「補」、「奉」、「益」義同可互用。

天者（帛書甲乙、漢簡本）──天下（王弼本）

帛書甲：孰能有餘而有以取奉於天者乎？〔唯有道者也〕。（87）

帛書乙：夫孰能又余而〔有取〕奉於天者？唯有道者乎？（41 上-41 下）

漢簡本：孰能有餘而有取奉於天者？唯有道者也。（111-112）

王弼本：孰能有餘以奉於天下？唯有道者。（12-290）

傅奕本：孰能損有餘而奉不足於天下者？其惟道者乎？

王弼本和傅奕本的「奉」之義爲獻出、給與、扶助。《廣雅・釋言》：「奉，獻也。」《廣韻・腫韻》：「奉，與也。」《淮南子・說林》：「人不見龍之飛舉而能高者，風雨奉之。」高誘注：「奉，助也。」

高明：「按『取奉於天』即『取法於天』。『奉』字古爲並紐東部字，『法』字屬幫紐葉部字，『幫』、『並』雙聲，『東』、『業』旁對轉，『奉』、『法』古音相同通假，故『取奉於天』當讀作『取法於天』。『取法』一詞乃古之常語，古籍多見，如《禮記・郊特牲》『取法於天』，《淮南子・泰族》『取法於人』，《莊子・天道篇》『大匠取法』。『取法於天』猶言以天爲模範。」〔註1〕

「奉」、「法」古音未必相同，但「奉」自有「遵循」之義。《左傳・哀公六年》：「吾子奉義而行者也。」又《隱公元年》：「是以隱公立而奉之。」洪亮吉詁：「奉皆有尊崇之義。」《字彙・水部》：「法，則效也。」《墨子・辭過》：「爲宮室若此，故左右皆法象之。」遵循天的給予和效法天的給予，意義相

〔註1〕高明：《帛書老子校注》，北京：中華書局，1996 年，第 206 頁。

同，故「奉」、「法」義通可通用。即：「誰能夠做到有多餘的財物拿出來而象天一樣給予呢！」「取奉於天」即「效法於天」、「象天一樣」。

又（帛書乙）──有（漢簡本）──恃（王弼本）

帛書乙：是以耵人爲而弗又。（41下）

漢簡本：是以聖人爲而弗有。（112）

王弼本：是以聖人爲而不恃。（12-290）

「又」與「有」通。《廣雅・釋詁一》：「有，取也。」《玉篇・有部》：「有，得也，取也。」「恃」有「得」之義，《楚辭・九章・悲回風》：「寤從容以周流兮，聊逍遙以自恃。」「有」、「恃」義通可通用。河上公注：「聖人爲德施不恃其報也，功成事就不處其位。不欲使人知己之賢，匿功不居榮，畏天損有餘也。」嚴遵《指歸》亦云：「憚道之殃，不敢見賢也。」

帛書本：「若此其不欲見賢也。」漢簡本、王弼等通行本無「若此」二字。王引之《經傳釋詞》卷七：「若，猶此也。」「連言之則曰『若此』，或曰『此若』。」《詩・小雅・苕之華》：「知我如此，不如無生。」「如此」猶「若此」，承上啓下之詞。故當從帛書本有「若此」二字。

本章整理：天之道，其猶張弓者也。高者抑之，下者舉之；有餘者損之，不足者補之。故天之道，損有餘而補不足。人之道則不然，損不足而奉有餘。孰能有餘而有以取奉於天者乎？唯有道者也。是以聖人爲而弗有，成功而弗居也，若此其不欲見賢也。

第八十章 任 信

功（漢簡本）──攻（王弼本）

失（漢簡本）──勝（王弼本）

帛書甲：〔而攻〕堅**强**者莫之能〔先〕也，以亓无以易〔之也〕。（89）

帛書乙：〔而攻堅**强**者莫之能先〕，以亓无以易之也。（42 上）

漢簡本：而功堅**强**者莫之能失也，以其無以易之也。（113）

王弼本：而攻堅**强**者莫之能勝，其無以易之。（12-290）

復旦整理組於帛書甲之「堅」從「攴」不從「又」，二者意同。

蔣錫昌：「『以其無以易之』，《道藏》王本及諸本均脫上『以』字。……『以其』二字爲《老子》習用之語。七章『以其不自生，……非以其無私邪』，五十章『以其無死地』，六十五章『以其智多』，六十六章『以其善下之』，七十一章『以其病病』，七十五章『以其上食稅之多……以其上之有爲……以其上求生之厚』，文例均同，『其』上當增『以』字。」〔註1〕

傅奕本作：「而攻堅彊者莫之能先，以其無以易之也。」「以」爲因爲之義，承上之詞，故當有之。《說文·虫部》：「强，蚚也。从虫弘聲。疆，籀文强从蚰从彊。」《說文·弓部》：「彊，弓有力也。从弓畺聲。」彊有堅强之義，《管子·地員》：「赤壚歷彊肥。」尹之章注：「彊，堅也。」《書·皋陶謨》：「彊而義。」孔傳：「無所屈撓，動必合義。」强本爲蟲名，爲借字，彊當爲本字，後强行而彊廢。

〔註 1〕 蔣錫昌：《老子校詁》，商務印書館，1937 年，第 453 頁。

　　《說文・力部》：「功，以勞定國也。从力从工，工亦聲。」《釋名・釋言語》：「功，攻也，攻治之乃成也。」《管子・乘馬數》：「此齊力而功也。」《漢書・董賢傳》：「賢弟新成，功堅。」顏師古注：「功字或作攻。功，治也，言作治之甚堅牢。」《廣韻・冬韻》：「攻，治也。」段玉裁《說文解字注・攴部》：「攻，《考工記》『攻木』、『攻皮』、『攻金』，注曰：『攻，治也。』此引申之義。」《周禮・天官・瘍醫》：「凡療瘍，以五毒攻之。」《國語・楚語上》：「庶民攻之。」攻、功皆爲見母東部字，音通可借，功乃攻之借。

　　失，當爲先之形誤，傅奕本、嚴遵本作「先」。《說文・先部》：「先，也。从儿从之。」从儿（人）从之（止），義爲走在前面。段玉裁注：「凡言前者，緩詞；凡言先者，急詞也。」引申有「在…之前、占先、勝過、勝於」之義，《孟子・告子下》：「疾行先長者，謂之不弟。」勝，有勝過、超過之義，《論語・雍也》：「質勝文則野，文勝質則史。」失爲書母質部，勝爲書母蒸部，質、蒸旁對轉，或音通可借。

　　水（帛書乙）——柔（王弼本）
　　帛書甲：〔水之勝剛，弱之〕**勝强**，天〔下莫弗知，而莫能〕行也。（89-90）
　　帛書乙：水之朕剛也，弱之朕**强**也，天下莫弗知也，而莫〔之能行〕也。（42上-42下）
　　漢簡本：故水之勝剛，弱之勝強，天下莫弗智，而莫能居，莫能行。（113-114）
　　王弼本：**弱之勝强**，柔之勝剛，天下莫不知，莫能行。（12-290）
　　嚴遵本此處作：「夫水之勝強，柔之勝剛，天下莫不知，莫之能行。」「弱」寫作「水」。其他諸本皆作「柔」、「弱」。傳世本在前兩句與出土本順序顛倒。水之性柔，故或涉上文「天下莫柔弱於水」，以「柔」爲「水」。且水爲書母微部，柔爲日母幽部，聲母皆爲舌上音（上古舌頭音），幽、微旁對轉，故水、柔或音通可借。或水之性柔弱而義通。
　　王弼本後一句無「而」字，而表示轉折，故當有之。漢簡本較它本多「莫能居」三字，《廣雅・魚韻》：「居，當也。」居有擔當、守持之義，《左傳・昭公十三年》：「獲神一也，有民二也，令德三也，寵貴四也，居常五也。有五利以去五難，誰能害之！」楊樹達《詞詮》卷四：「居，爲也。」《禮記・

禮器》：「其在人也，如竹箭之有筠也，如松柏之有心也，二者居天下之大端也。」《廣雅·釋言》：「居，據也。」漢簡本中的「居」可以理解爲：以此作爲擔當、守持的依據，「莫能居」，即莫能爲、莫能守持、莫能依據此道理，與「莫能行」義同。

詢（帛書甲乙、漢簡本）——垢（王弼本）

帛書甲：曰受邦之**詢**，是胃社稷之主；受邦之不祥，是胃天下之王。（90）

帛書乙：曰受國之**詢**，是胃社稷之主；受國之不祥，是胃天下之王。（42 下）

漢簡本：受國之**詢**，是謂社稷之主；受國之不羙，是謂天下之王。（114-115）

王弼本：受國之垢，是謂社稷主；受國不祥，是爲天下王。（12-290）

詢爲溪母侯部字，垢爲見母侯部字，聲母皆爲舌根音，故音通可借。

《說文·言部》：「詬，謑詬，恥也。从言后聲。詢，詬或从句。」《玉篇·言部》：「詢，同詬。」「詬，恥辱也。」《左傳·定公八年》：「公以晉詬語之。」又《昭公二十年》：「子死亡有命，余不忍其詢。」杜預注：「詢，恥也。」陸德明《經典釋文》：「本或作詬，同。」

《說文·土部》：「垢，濁也。从土后聲。」《韓非子·大體》：「不吹毛而求小疵，不洗垢而察難知。」《莊子·大宗師》：「仿偟乎塵垢之外。」「垢」亦引申爲「恥辱」之義。《左傳·宣公十五年》：「川澤納污，山藪藏疾，瑾瑜匿瑕，國君含垢，天之道也。」杜預注：「忍垢恥。」

故「詢（詬）」、「垢」皆有「恥辱」義。音義皆同，可互用。

本章整理：天下莫柔弱於水，而攻堅强者莫之能勝也，以其无以易之也。柔之勝剛也，弱之勝强也，天下莫弗知也，而莫之能行也。故聖人之言云：受邦之垢，是謂社稷之主；受邦之不祥，是謂天下之王。正言若反。

第八十一章　任　契

禾（帛書乙）──和（帛書甲、漢簡本、王弼本）

帛書甲（91）、漢簡本（115）、王弼本（12-290）：和大怨，必有餘怨。

帛書乙：禾大〔怨，必有餘怨。〕（43上）

禾、和皆爲匣母歌部字，故音同可借。

《說文・禾部》：「禾，嘉穀也。二月始生，八月而孰，得時之中，故謂之禾。禾，木也。木王而生，金王而死。从木，从巫省。巫象其穗。」「禾」引申爲「和」義。《呂氏春秋・必己》：「一上一下，以禾爲量。」高誘注：「禾，中和。」《尚書序》：「唐叔得禾，異畝同穎，王命歸周公於東，作歸禾，周公得命禾，旅天子命作嘉禾。」孔傳：「異畝同穎，天下和同之象。」孔穎達疏：「後世同穎之禾，遂名嘉禾，由此。」《馬王堆漢墓帛書・戰國縱橫家書・蘇秦自趙獻書燕王章》：「趙之禾也，陰外齊，謀齊，齊趙必大惡矣。」

「和大怨」之「和」爲調解之義，《集韻・過韻》：「和，調也。」《周禮・地官・調人》：「調人掌司萬民之難而諧和之。凡過而殺傷人者，以民成之。」《老子》所說的「和大怨」當即指此「和難」。「凡和難，父之讎辟（避）諸海外；兄弟之讎辟（避）諸千里之外。」《周禮》所記載的「和難」方法，毫無疑問的是「必有餘怨」。如嚴遵《指歸》所云：「公平無私，逾失天意；正直不邪，益失民心。刑戮並用而姦益起，賞深賜重而亂益生。當此之時，善人中罔，賢者陷刑，雖得名實，何可善焉？」這種現象產生的原因在於「去己怨彼」，王、主、聖人都是從自己身上找原因，能夠做到「弱心柔志，輕己重民」，人們之所以有了債務，也是自己沒有做好，使人民得不到福祉。故雖借出了錢物，也不會追責於人。

　　焉（帛書甲）——安（漢簡本、王弼本）
　　帛書甲：焉可以為善？（91）
　　帛書乙：〔焉可以〕為善？（43上）
　　漢簡本（115-116）、王弼本（12-290）：安可以為善？
　　「焉」用於句首，表示疑問，《廣韻・仙韻》：「焉，何也。」《玉篇》：「焉，安也，疑也。」《詩・衛風・伯兮》：「焉得諼草，言樹之背？」「安」亦有「何」義，《禮記・檀弓》：「吾將安仰。」《楚辭・天問》：「九天之際，安放安屬。」《正字通》：「『安』之於『焉』，猶『何』之於『曷』，音別義通。」王引之《經傳釋詞》卷二：「《易・同人》《正義》：『安，猶何也。』顏師古注《漢書・吳王濞傳》曰：『安，焉也。』《宣公十二年・左傳》曰：『暴而不戢，安能保大？猶有晉在，焉得定功？所違民欲猶多，民何安焉？』『安』、『焉』亦『何』也，互文耳。」（亦見第25章）焉、安皆為影母元部，音通可借。

　　右（帛書甲）——左（帛書乙、漢簡本、王弼本）
　　介（帛書甲）——芥（帛書乙）——契（漢簡本、王弼本）
　　帛書甲：是以聖〖人執〗右介，而不以責於人。（91）
　　帛書乙：是以聖人執左芥，而不以責於人。（43上）
　　漢簡本：是以聖人執左契，而不以責於人。（116）
　　王弼本：是以聖人執左契，而不責於人。（12-290）
　　《增韻・哿韻》：「左右定位。左，右之對，人道尚右，以右為尊，故非正之術曰左道。」《禮記・王制》：「男子由右，婦人由左。」《漢書・杜周傳》：「不知而白之，是背經術惑左道也。」顏師古注：「左道，不正之道也。」又《增韻・哿韻》：「手足便右，以左為僻，故凡幽猥，皆曰僻左。」「左，謫官曰左遷。自漢以來至唐，亦謂去朝廷為州縣曰左遷。」《漢書・諸侯王表》：「作左官之律。」顏師古注：「左官猶言左道。僻左，不正也。漢時依古法，朝廷之列以右為尊，故謂降秩為左遷。佐諸侯為左官也」崔述云：「三代以上固以上右為常。故禮賓由西階，主人由阼階，西在右，東在左也。王叔陳生與伯輿爭政，王右伯輿，王叔陳生怒而出奔。是上之則曰『右之』，下之則曰『左之』也。」故左卑、下，右尊、高也。《史記・孝文本紀》：「右賢左戚，先民後己，至朋之極也。」裴駰《集解》引韋昭曰：「右猶高，左猶下也。」又《史記・平原君傳》：「且虞君操其兩權，事成，操右券以責。」司馬貞《索隱》

曰：「平原君取封事成，則操其右券以責其報德也。」《戰國策‧韓策三》：「安成君東重於魏，西貴於秦，操右契而爲責德於秦魏之主。」《禮記‧曲禮》：「獻粟者執右契。」鄭玄注：「契，券要也，右爲尊。」從以上典籍記載來看，當從帛書甲本作「右」。

　　帛書乙本和通行本皆作「左」，或根據楚人尚左之習俗而更改（參見《老子》第 31 章）。金文「左」或從手從口（或言）〔註 1〕；楚系文字「左」字也多從手從口。但皆從左手形，「左」、「右」字分明。如高明所說「古文字中『左』、『右』二字形近易混，甚難分辨。」並舉商代甲骨、西周金文即戰國古璽文字爲例〔註 2〕，其意爲「右」或誤作「左」。然考慮到楚人尚左習俗這一點來看，「左」或誤作「右」亦有可能。《古文四聲韻》引《古老子》「左」字從手之形旁，或從左手形或從右手形〔註 3〕。《老子》第 31 章云：「君子居則貴左，用兵則貴右。」「吉事尚左，喪事尚右。」《老子》文中亦的確是尚「左」。以經證經，字當從「左」。

　　介、芥爲見母月部，契爲溪母月部，聲母皆爲舌面後音。故音通可借。「介」、「芥」乃「契」之假借字。

　　「介」與「芥」通。朱駿聲《說文通訓定聲‧泰部》：「介，今俗以芥爲之。」《易‧繫辭上》：「憂悔吝者存乎介。」韓康伯注：「介，纖介也。」《左傳‧昭公二十五年》：「季氏介其雞。」杜預注：「擣芥子播其羽也。」陸德明《經典釋文》：「介，又作芥。」《漢書‧元后傳》：「遇共王甚厚，不以往事爲纖介。」纖介，即纖芥，細微貌。董仲舒《春秋繁露‧王道》：「《春秋》記纖芥之失。」

　　《說文‧大部》：「契，大約也。从大从㓞。《易》曰：『後代聖人易之以書契。』」段玉裁注：「《小宰》：『聽取予以書契。』大鄭云：『書契，符書也。』後鄭云：『書契謂出予受入之凡要。凡薄書之㝡目，獄訟之要辭，皆曰契。』引《春秋傳》：『王叔氏不能舉其契。』按：今人但於買賣曰文契。」《玉篇‧大部》：「契，券也。」《周禮‧地官‧質人》：「掌稽市之書契。」鄭玄注：「書契，取予市物之券也。其券之象，書兩札，刻其側。」

〔註 1〕　容庚編著，張振林、馬國權摹補《金文編》，北京：中華書局，1985 年 7 月，第 310 頁。

〔註 2〕　高明：《帛書老子校注》，北京：中華書局，1996 年，第 216 頁。

〔註 3〕　《汗簡　古文四聲韻》，李零、劉新光整理，北京：中華書局，2010 年 7 月，第 125 頁上 a。

  夑（帛書甲乙）——肆（漢簡本）——徹（王弼本）

帛書甲：故有德司介，〔无〕德司夑。（91-92）

帛書乙：故又德司芥，无德司夑。（43上）

漢簡本：故有德司契，無德司肆。（116）

王弼本：有德司契，無德司徹。（12-290）

  《字彙·力部》：「夑，古徹字。」《睡虎地秦墓竹簡·治獄程式》：「今旦起啟戶取衣，人已穴房內，夑內中，祛衣不得。」

  《說文·攴部》：「徹，通也。从彳从攴从育。㣙，古文徹。」羅振玉《增訂殷墟書契考釋》：「此從鬲從又，象手象鬲之形，蓋食畢而徹去之。」或象手從鬲之中抽取之。《詩·豳風·鴟鴞》：「徹彼桑土，綢繆牖戶。」毛傳：「徹，剝也。」馬瑞辰《通釋》：「《孟子》引此詩，趙岐注：『徹，取也。』……毛傳訓剝者亦取也。」《詩·大雅·崧高》：「王命召伯，徹申伯土田。」毛傳：「徹，治也。」鄭玄箋：「治者，正其井牧，定其賦稅。」《詩·大雅·江漢》：「式辟四方，徹我疆土。」無論是剝、取，還是治理，爲有爲之法，可釋爲徵收賦稅之義。《廣雅·釋詁二》：「徹，稅也。」《論語·顏淵》：「哀公問於有若月：『年饑，用不足，如之何？』有若對曰：『盍徹乎？』」何晏注：「周法：什一而稅，謂之徹。徹，通也，爲天下之通法。」《孟子·滕文公上》：「夏后氏五十而貢，殷人七十而助，周人百畝而徹，其實皆什一也。」趙岐注：「家耕百畝者徹，取十畝以爲賦。名雖異而多少同，故曰什一也。」契、徹對文，亦或有從契約之中抽取利息之義，爲契約稅。

  徹爲透母月部，肆爲心母質部，質、月旁轉，精組和端組可諧，二字音通可借。《爾雅·釋言》：「肆，力也。」肆、徹之義乃有爲之法。契，以信爲原則，乃無爲之法。

  兩漢釋「徹」爲「過失」之義。河上公注云：「有德之君，司察契信而已；無德之君，背其契言，司人所失。」「徹」爲「通」義，即明察，所謂「司人所失」，爲「其政察察」之義，「契」、「徹」或爲無爲、有爲之喻。嚴遵《指歸》云：「是以聖人，執道之符，操德之信，合之於我，不以責人。故，有德之主，將欲有爲，必稽之天；將欲有行，必驗符信。求過於我，不尤於民；歸禍於己，不怨於人。……無德之人，務通情意，不顧萬民。政失亂生，不求於身。專司民失，督以嚴刑。」以刑法治民，事無巨細，明察秋毫，「其政察察」，此爲有爲之法，雖從外面強制調解了紛爭，但人之間內在心理的怨憤

仍未化解；「司契」爲無爲之法，「其政悶悶」，但契合其符信而已，不責於人，此其上德、陰德也。契，合也；徹，治也。奚侗云：「有德者怕然無爲，不藏是非，善惡無責於人，而上下和合，故云『司契』。無德者，愁五藏以爲仁義，矜血氣以規法度，欲求治而亂終不止，若和大怨之類，故曰『司徹』。」

　　《說文‧大部》：「契，大約也。从大从㓞。《易》曰：『後代聖人易之以書契。』」《禮記‧曲禮》：「獻粟者執右契。」徐鍇《繫傳》引《周禮》鄭玄注：「大約，邦國約也。」《玉篇‧大部》：「契，券也。」《周禮‧地官‧質人》：「掌稽市之書契。」鄭玄注：「書契，取予市物之券也。其券之象，書兩札，刻其側。」

　　「契」爲借貸之憑證，即產生了恩恩怨怨。「不以責於人，以其無以爲之也」，雖貸而不取，但契約還在，是爲「上德不德，是以有德」。「徹」有廢除之義，雖廢除了契約，似和解了大怨，但內心裏的恩怨實際上並未消除；取消了債務，似有德，實際上是無德，是爲「下德不失德，是以無德。」

　　本章整理：和大怨，必有餘怨，焉可以爲善。是以聖人執左契，而不以責於人。故有德司契，無德司徹。夫天道无親，恒與善人。

第五篇　《老子》異文分類

　　本章將古本《老子》的異文進行了初步的分類。共分四類：假借字，同義字（包含古今字），異體字，誤字（包括後人的改動）。在每字的後面用括號注明版本的出處，假借字後面爲古聲韻母；後面的數字標明章節（章節以帛書本的順序爲準，但仍以《道經》在前，《德經》在後的通行方式分爲兩部份，是爲了照顧現在的習慣）。

1. 假借字

一、唇音

命、名（明耕），（1，14，34，42，47）

眇、妙（明宵），（1）

美（明脂）、敿（明微），脂、微旁轉。（2）

亡（明陽）、無、无（明魚），魚、陽對轉。（2）

勿、物（明物）。（2，32，57）

弗（幫物）、不（幫之），之、物通轉。（2）

芬、紛（滂文）。（3）

不（幫之）、非（幫微），之、微通轉。（7）

葆、保（幫幽）。（9）

福、富（幫職）。（9）

毋、無（明魚）。（10）

福、輻（幫職）。（11）

明、盲、眊（明陽）。（12）

繩（明文）、微（明微），文、微對轉。（14）

芒、忘、妄（明陽）。（16）

汋、沒（明物）。（16）

務、侮（明侯）、母（明之），之、侯旁轉。（17）

伓、負、倍（並之）。（19）

鳴、冥（明耕）。（21）

剽、飄（滂宵）。（24）

眜、迷（明脂）。（27）

微（明微）、美（明脂），微、脂旁轉。（31）

母、每（明之）、毋（明魚），之、魚旁轉。（32）

忘、亡（明陽）。（33）

坪、平（並耕）。（35）

泊、薄（並鐸）。（38）

毋、無（明魚）。（39）

曼、免、勉、晚（明元）。（40）

反、返（幫元）。（40）

方、病（並陽）。（44）

簫（明支）、彌（明脂），脂、支通轉。（47）

避、辟（幫錫）。（50）

沒、歾（明物）。（52）

閔、閉（幫質）。（52）

戊、牡（明幽）。（55）

閉、閔（幫質）。（56）

迵、同（定東）。（56）

福、富（幫職）。（57）

備（並之）、服（並職），之、職對轉。（59）

烹、亨（滂陽）。（60）

味、未（明物）。（63）

某、母（明之）、毋（明魚），之、魚旁轉。（64）

佰、百（幫鐸）。（67）

罔、网、網（明陽）。（75）

1、並──滂

白（並鐸）、魄（滂鐸）。（10）

僕（並屋）、樸（滂屋）。（19）

渢（並侵）、泛、氾（滂談）、汎（滂侵），侵、談旁轉。（34）

弼（並物）、費（滂微），微、物對轉。（44）

覆（滂覺）、復（並覺）。（51）

奉、夆、逢（並東）、豐（滂東）。（55）

畔（並元）、判、泮（滂元）。（64）

專（滂魚）、輔（並魚）。（64）

肥（並微）、配（滂物），微、物對轉。（70）

2、幫──滂

方（幫陽）、仿、妨（滂陽）。（12）

博（幫鐸）、薄、普（滂魚），魚、鐸對轉。（54）

分（幫文）、紛（滂文）。（56）

3、幫──並

罷、皮、被（並歌）、彼（幫歌）。（12，38，74）

保、葆（幫幽）、抱（並幽）。（15，54）

敝（並月）、蔽（幫月）。（15）

幣、敝（並月）、蔽（幫月）。（45）

旁、並（並陽）、方（幫陽）。（16）

鞭（幫元）辯（並元）。（19）

保（幫幽）、抱（並幽）。（19）

白、泊（並鐸）、博（幫鐸）。（20）

父（並魚）、甫）幫魚）。（21）

伐（並月）、發（幫月）。（22）

杯（幫之）、陪、怀（並之）。（29）

伐、炭（並月）、發（幫月）。（30）

卞、便（并元）、鞭、偏、扁（幫眞），眞、元旁轉。（31）

甶（幫物）、蠭、逢、蜂（並東），東、物旁對轉？。（54）

哺、捕（並魚）、搏、薄（幫鐸），魚、鐸對轉。（55）

牝（並脂）、必（幫脂）。（55）

坲（明物）、牡（明幽），物、幽旁對轉。（55）

畔（並元）、貧（並文），文、元旁轉。（57）

孚（並幽）、缶、葆、寶（幫幽）。（62）

孚（並幽）、保、葆（幫幽）。（62）

輔（並魚）、補（幫魚）。（79）

4、幫──明

非（幫微）、微（明微）。（15）

未（明物）、不（幫之），之、物通轉。（20）

美（明脂）、兵（幫陽），。（31）

弗（幫物）、勿（明物）。（31）

丙（幫陽）、孟、猛（明陽）。（55）

迷、米（明脂）、廢（幫月），脂、月旁對轉。（58）

毋（明魚）、勿（明物）、不（幫之），之、魚旁轉，之、物通轉。（67）

5、並──明

癹（並月）、廢（明月）。（18）

6、幫──滂──並

卑、俾（幫支）、譬（滂支）、避（并錫），支、錫對轉。（32）

7、滂──並──明

孛（並物）、費（滂物）、沫（明月）、昧（明物），物、月旁轉。（40）

二、舌音

智、知（端之）。（2，47，57，65）

戁、難（泥元）。（2）

成、城（禪耕）。（2）

耑、短（端元）。（2）

聲、聖（書耕）。（2）

上、尙（禪陽）。（3）

乇、託、橐（透鐸）。（5）

輿、與（餘魚）。（5）

愈、俞、揄（餘侯）。（5）

若（日鐸）、如（日魚），鐸、魚對轉。（5）

予、與（餘魚）。（8）

湦、盈（餘耕）。（9）

獸、守（書幽）。（9，32）

离、離（來歌）。（10）

埴、殖（禪職）。（11）

田、畋（定眞）。（12）

臘、獵（來葉）。（12）

女（日魚）、若（日鐸），魚、鐸對轉。（13）

女、如（日魚）、若（日鐸），魚、鐸旁轉。（40）

志、識（章之）。（15）

吝（來文）、鄰（來眞），文、眞旁轉。（15，67）

者（章魚）、之（章之），之、魚旁轉。（15）

裻、督、篤（端覺）。（16）

怠、殆（定之）。（16）

猷、猶、悠（餘幽）。（17）

狀、然（日元）。（17）

正、貞（章耕）、忠（章冬），冬、耕旁轉。（18）

而（日之）如（日魚），之、魚旁轉。（20）

余、餘（餘魚）。（20）

唯、惟、維（餘微）。（21）

視（禪脂）、是（禪支），支脂通轉。（22）

章、彰（章陽）。（22，57）

狀、然（日元）。（25，57）

德、得（端職）。（24）

麗、離（來歌）。（26）

若（日鐸）、然（日元），鐸、元通轉。（26）

適、謫、讁（章錫）。（27）

檮、籌（定幽）。（27）

貣、貸、忒（透職）。（28）

豊、禮（來脂）。（31）

累、縲、儽、曩（來微）。（20）

甬、用（餘東）。（31）

逾、俞（餘侯）。（32）

露（來魚）、零、洛（來鐸），魚、鐸對轉。（32）

折、制（章月）、正（章耕），耕、月旁對轉。（32）

淡、談（定談）。（35）

鵒、欲（餘屋）。（37）

首（書幽）、始（書之），之、幽旁轉。（38）

需、靈（來耕）。（39）

致、至（章脂）。（39）

已、以（餘之）。（39）

蓮（來元）、裂（來月），元、月對轉。（39）

與、邪（餘魚）。（39）

譽、與、輿（餘魚）。（39）

祿、琭（來屋）。（39）

硌、珞（來鐸）。（39）

質、桎（章質）。（40）

貞（章耕）、眞（章眞），耕、眞通轉。（40，54）

愈、輸、渝（餘侯）。（40）

僮、動（定東）。（41）

勤、動、僮（定東）。（50）

良、梁、梁（來陽）。（42）

止、趾（章之）。（44）

怠、殆（定之）。（44）

拙（章物）、仳（章月），物、月對轉。（45）

然（日元）、熱（日月），元、月對轉。（45）

椯（端歌）、投（定侯），歌、侯旁對轉？。（50）

毛（章鐸）、輟（章月），鐸、月通轉。（54）

正、政（章耕）。（58）

紿、治（定之）。（59，64）

羸（來歌）、累、虆、虆、縲（來微），歌、微旁轉。（64）

人、仁（日眞）、礽（日文），眞、文旁轉。（64）

蓺、埶（章緝）。（64）

什、十（禪緝）。（67）

周、舟（章幽）。（67）

俞、愈（餘侯）。（68）

酉、猶（餘幽）。（79）

失（書質）、勝（書蒸），質、蒸旁對轉？。（80）

1、透──餘

惕、愓（透錫）、易（餘錫）。（2）

婾、榆（餘侯）、偷（透侯）。（40）

眺（透宵）、燿（餘藥），宵、藥對轉。（58）

2、定──邪──日

墮（定歌）、隋、隨（邪歌）。（2）

治（定之）、似（邪之）、如（日魚）、若（日鐸），魚、鐸對轉，之、魚旁轉。（8）

3、書──邪

始（書之）、辭、辝（邪之）。（2）

矢（書脂）、兒（邪脂）。（50）

4、章──禪

志（章之）、侍、恃（禪之）。（2）

注（章侯）、屬（禪屋），侯、屋對轉。（49）

5、書──邪──餘

始（書之）、佁（餘之）、似（邪之）。（3）

頌（邪東）、容（餘東）。（15）

余（餘魚）、舍（書魚）、徐（邪魚）。（15）

俗（邪屋）、鬻（餘覺）、猷（餘幽）、欲（餘屋），覺、屋旁轉，幽、覺對轉，幽、屋旁對轉。（20）

似（邪之）、以（餘之）。（20）

斜（邪魚）、餘（餘魚）。（22）

夕（邪鐸）、亦（餘鐸）。（42）

羕（餘陽）、祥、詳（邪陽）。（55）

6、定——透——餘

沖（定冬）、盅（透冬）。（4）

大（定月）、太（透月）。（17）

兌（定月）、脫（透月）、銳（餘月）。（4，54）

它（透歌）、彖（透元）、也（餘歌）、隊（定元）、阤、陀（定歌），歌、元對轉。（5）

尹、允（餘文）、兌（定月）、銳（餘月），文、月旁對轉？（9）

覜（透宵）、盜（定宵）。（19）

佻（透宵）、姚、兆（定宵）。（20）

遲（定脂）、夷（餘脂）。（40）

怡（餘之）、殆（定之）。（52）

兌、銳（定月）、閱（餘月）。（56）

覜（透宵）、盜（定宵）。（57）

7、透——定——船

它（透歌）、地（定歌）、蛇（船歌）。（55）

8、透——日

芮（日月）、退（透物），月、物旁轉。（7，9）

天（透真）、仁（日真）。（8）

9、昌——禪——定

惷、春（昌文）、沌（禪文）、屯（定文）、惷（書東），東、文旁對轉。（20）

逝、噬、筮、遮（禪月）、懘（昌月）。（25）

長（定陽）、償（禪陽）。（30）

屯（定文）、菁、倅（昌文）、淳（禪諄）。（57）

10、透——端——定——章

湍（透元）、短（端元）、桓（定侯）、揣（章元），出土文獻和典籍常有侯、元旁對轉的情況，「治」與「栝」。（9）

至（章質）、致（端質）。（10，16，43）

贅（章月）、叕（端月）。（22）

多（端多）、終（章多）。（24）

眾、終（章冬）、冬（端冬）。（26）

昭（章宵）、超（透宵）。（26）

銛（透談）、恬（定談）。（31）

貞（端耕）、鎮（章眞）、闐（定眞）、寘（章支），耕、眞旁轉。（37）

貞（端耕）、正（章耕）。（39）

中（端冬）沖（定冬）。（42）

直（定職）、德、得（端職）。（49）

夂、終（章冬）、冬（端冬）。（52）

習、襲（邪緝）。（52）

至（章質）、氐、抵、柢（端脂），質、脂對轉。（59）

戰（章元）、單（端元）、陳（定眞），眞、元旁轉。（69，70）

適（端陽）、敵（定陽）。（71）

戰（章元）、單（端元）、繟（定元）、坦（透元）。（75）

11、書——定——章

塵（定眞）、袗（章眞）。（4）

童、動、運、勤（定東）、踵（章東）。（5）

室（書耕）、堂（定陽），耕、陽旁轉。（9）

槫、摶（定元）、專（章元）。（10）

迭（定質）、失（書質）、達（定月），質、月旁轉。（13，64）

之（章之）、治（定之）。（57）

勝（書蒸）、朕（定侵）、正（章耕），蒸、侵通轉，蒸、耕旁轉。（69）

12、船——邪——餘

述（船物）、遂（邪物）。（9，17）

繩（船蒸）、尋（邪侵），台（餘之），蒸、侵通轉，之、蒸對轉。（14）

呈（船耕）、盈（餘耕）。（15）

13、書——日

埏、挻（書元）、然（日元）。（11）

水（書微）、柔（日幽），幽、微旁對轉？。（80）

14、端——透——定——禪

石（禪鐸）、宅（定鐸）橐、託（透鐸）、厇（端職）、乇（端鐸），職、

鐸旁轉。(13)

屯、沌(定文)、敦(端眞)、杶(透文),文、眞旁轉。(15)

持(端職)、持(定之)、植(禪之),之、職對轉。(9)

獨(定屋)、屬(禪屋)。(20)

轍(端月)、徹(透月)、達(定月)。(27)

箮、竺、篤(端覺)、孰(禪覺)。(44)

中(端冬)、盅(透冬)、沖(定冬)。(45)

植(禪職)、直(定職)。(45)

亭(定耕)、成(禪耕)。(51)

毒(定覺)、孰、熟(禪覺)。(51)

市、侍(禪之)、持(定之)。(69)

15、章——餘

者(章魚)、也(餘歌),魚、歌通轉。(14)

16、餘——泥

以(餘之)、能(泥蒸),之、蒸對轉。(14)

能(泥蒸)、以(餘之),之、蒸對轉。(64)

17、餘——書

以(餘之)、始(書之)。(14)

余、餘(餘魚)、舍(書魚)。(54)

怡(餘之)、始(書之)。(64)

18、泥——日

奴(泥魚)、如(日魚)、若(日鐸),魚、鐸對轉。(15)

若(日鐸)、乃(泥月),鐸、月通轉。(26)

女(泥或娘魚)、若(日鐸),魚、鐸對轉。(32)

乃(泥之)、扔(日蒸)。(38,71)

能(泥蒸)、而(日之),蒸、之對轉。(40)

溺(泥藥)、弱(日藥)。(40)

若(日鐸)、諾(泥鐸)。(63)

女(泥魚)、如(日魚)、若(日鐸)、而(日之),魚、鐸對轉,之、魚旁轉。(69)

奈(泥月)、若(日鐸),鐸、月通轉。(76)

能（泥之）、若（日鐸），之、鐸旁對轉？。（37）

19、昌──書

川（昌微）、水（書文），微、文對轉。（15）

20、餘──船──書

憚（餘鐸）、澤（船鐸）、釋（書鐸）。（15）

說、閱（餘月）、順（船文）。（21）

神（船眞）、申（書眞）。（60）

21、透──船──餘

他（透歌）、蛇（船歌）、施、迆（餘歌）。（53）

22、章──船──定

迣（章侯）、重（船東）、動（定東），東、侯對轉。（15）

豆（定侯）、屬（章屋），屋、侯對轉。（19）

定（定耕）、正（章耕）、直（定職），職、耕旁對轉。（23）

定（定耕）、正（章耕）。（37）

23、定──餘──日

台（定之）、怡（餘之）、如（日魚）、若（日鐸），魚、鐸對轉，之、魚旁轉。（20）

欲、裕（餘屋）、道（定幽），屋、幽旁對轉。（23）

欲（餘屋）、辱（日屋）。（37）

24、日──禪

而（日之）、尚（禪陽），之、陽旁對轉。（24）

善（禪元）、若（日鐸）、如（日魚），魚、鐸對轉，元、魚、鐸通轉。（62）

25、章──書──泥

執（章緝）、攝（書葉）、聶（泥葉），緝、葉旁轉。（50）

楮、諸（章魚）、奢（書魚）。（29）

執（章緝）、埶、勢、設（書月），緝、月旁轉。（35）

26、來──邪──定

龍（來東）、僂（來侯）、襲（邪緝）、淡（定談），緝、談旁對轉。（31）

27、船──書──定

乘（船蒸）、勝（書蒸）、朕（定侵），蒸、侵通轉。（31，45）

28、書──透

聲、聖（書耕）、聽（透耕）。（35）

說（書月）、脫（透月）。（36）

始（書之）、貣（透職）、貸（透之），之、職對轉。（40）

探（透侵）、深（書侵）。（59）

台（透之）、始（書之）。（64）

29、禪──船

視（禪脂）、示（船脂）。（36）

30、禪──餘

城、盛（禪耕）、嬴、涅（餘耕）。（45）

31、透──泥

詘、紲（透物）、炳（泥文）、訥（泥緝），物、文對轉，緝、文、物通轉。
（45）

32、邪──餘──定

遂（邪物）、逐（定覺）、育（餘覺），物、覺旁對轉？。（51）

33、邪──章──定──禪

寺（邪之）、志（章之）、持（定之）、恃（禪之）。（51）

慎（禪眞）、軫、畛（章文）、塵（定眞），文、眞旁轉。（56）

34、來──餘

流（來幽）、游（餘幽）。（61）

35、昌──餘

車（昌魚）、輿（餘魚）。（67）

36、邪──餘──日

佀、似（邪之）、以（餘之）、而（日之）。（69）

37、餘──透──書

逸、跮（餘月）、脫（透月）、稅（書月）。（77）

三、齒音

省、姓（心耕）。（5）

三、參（心侵）。（14）

請、精（精耕）。（21）

趡、躁（精宵）。（26）

甾、輜（莊之）。（26）

齎、資（精脂）。（27）

隨、隋（邪歌）。（29）

清、精（清耕）。（39）

清、請（清耕）。（45）

生（山耕）、產（山元），耕、元旁對轉？。（46）

罪、辠（從微）。（46）

蚤（莊幽）、爪（莊宵），宵、幽旁轉。（50）

賽（心之）、塞（心職），之、職對轉。（52）

采、綵（清之）。（53）

齎、資（精脂）。（53）

茲、哉、弐（精之）。（54）

則（精職）、即（精質），職、質旁對轉？。（55）

疏、疋（山魚）。（56）

紲（心月）、肆（心質），質、月旁轉。（58）

蚤、早（精幽）。（59）

靚、静（從耕）。（61）

四、駟（心質）。（62）

脆、毳、脃、臞（清月）。（64）

在、才（從之）。（66）

送（心東）、徙（心支），東、支旁對轉。（67）

宵、肖（心宵）。（69）

諍、爭（莊耕）。（70）

1、清──心

此（清支）、訾（精支）、斯（心支）。（2）

新（心眞）、親（清眞）。（17）

妻（清脂）、細（心脂）、小（心宵），宵、脂旁對轉？（32）

新（心眞）、親、亲（清眞）。（44）

錯、措（清魚）、昔（心鐸），魚、鐸對轉。（50）

2、從——心

前（從元）、先（心眞），眞、元旁轉。（2）

字（從之）、絲（心之）。（25）

踐、俴（從元）、散（心元）。（64）

前、疛（從元）、先（心文），文、元旁轉。（66）

3、精——心

作（精鐸）、昔（心鐸）。（2）

梟（心宵）、趮、躁（精宵）。（45）

4、從——精

銼、莝（從歌）、挫（精歌）。（4）

孿、孳、兹、茲（精之）、慈（從之）。（18）

才（從之）、哉（精之）。（20，57）

子、兹（精之）、慈（從之）。（19，69）

贜（精陽）、藏（從陽）。（44）

慈（從之）、兹、茲、滋（精之）。（57）

5、從——莊

爭（莊耕）、靜（從耕），「照二歸精」。（8）

靜（從耕）、諍、爭（莊耕）。（66）

6、清——從

束（清支）、情、靜（從耕），支、耕對轉。（15，37）

清（清耕）、靜（從耕）。（26）

清（清耕）、靚、靜（從耕）。（45）

蠶（從侵）、憯（清侵）。（46）

賤（從元）、戔、淺（清元）。（56）

青（清耕）、靜（從耕）。（57）

脆（清月）、萃（從物），物、月旁轉。（78）

7、山——心

告、省（山耕）、姓（心耕）。（17）

省、生（山耕）、姓（心耕）。（49，77）

8、初——從

惻（初職）、賊（從職）。（19）

9、清——初

蔡（清月）、察（初月）。（20）

差（初歌）、左、佐（精歌）。（30）

10、趨（清屋）、驟（崇侯），屋、侯對轉。（24）

11、初——心

筴、策（初錫）、析（心錫）。（27）

12、清——精

牺（清陽）、將（精陽）。（31）

此（清之）、則（精職），之、職對轉。（64）

13、精——從——心

濟（精脂）、棄（從脂）、賽（心職），職、脂旁對轉？。（52）

朘（精元）、全（從元）、狻（心元）。（55）

14、精——莊

臧（精陽）、壯（莊陽）。（55）

積（精錫）、則（莊錫）。（68）

15、精——清——從

剉、銼（清歌）、挫（精歌）、坐（從歌）。（56）

16、精——從——初

惻（初職）、賊（從職）、則（精職）。（57）

17、崇——精

乍（崇鐸）、作（精鐸）。64）

四、牙喉音

有、又（匣之）。（1，79）

嗷、僥、徼（見宵）。（1）

胃、謂（匣物）。（1）

惡（影鐸）、亞（影魚），魚、鐸對轉。（2）

型、刑、形（匣耕）。（2）

湼、盈（影耕）、頃、傾（溪耕）。（2）

有、又（匣之）、或（匣職），之、職對轉。（4，13，48）

有（匣之）、或（匣職），之、職對轉。（19）

間、閒（見元）。（5）

丌、亓、其（群之）。（5）

堇、墐、勤（群文）。（6）

攻、功（見東）。（9）

啓（溪脂）、開（溪微），脂、微旁轉。（10）

御、禦（疑魚）。（14）

悁、畏（影微）。（15）

還、澴（匣元）。（15）

寡、顧（見魚）、觀（見元），魚、元通轉。（16）

員、云、雲、芸（匣文）。（16）

堇、根（見文）。（16）

安、案、焉（影元）。（17，32）

工、功（見東）。（17）

曰（匣月）、謂、胃（匣物），物、月旁轉。（17）

古、故（見魚）。（18）

畜（曉覺）、孝（曉幽），覺、幽對轉。（18）

攷、考、巧（溪幽）。（18）

鄉、享（曉陽）。（20）

禺、愚（疑侯）。（20）

海、晦（曉之）。（20）

幽、幼、窈（影幽）。（21）

汪、枉（影陽）。（23）

窪（影魚）、洼（影支），支、魚旁轉。（23）

或、惑（匣職）。（23）

語（疑魚）、言（疑元），魚、元通轉。（23）

兄、況（曉陽）。（24）

安、焉（影元）。（25）

榮、熒（匣耕）、環（匣元），耕、元旁對轉？（26）

觀、館、官（見元）。（26）

串、關（見元）。（27）

盻、割（見月）。（28）

悆、依、哀（影微）。（31）

固、古（見魚）。（36）

予、魚（餘魚）。（36）

渴、竭（群月）。（39）

欮、厥、蹶（見月）。（39）

禺、隅（疑侯）。（40）

埑（型）、刑、形（匣耕）。（40）

隱、殷（影文）。（40）

議、我（疑歌）。（42）

五、吾（疑魚）。（43）

涅、盈（影耕）。（45）

屈、詘（溪物）。（45）

攷、巧、考（溪幽）。（45）

益、溢、嗌（影錫）。（48）

革（見職）、甲（見葉），職、葉旁對轉？。（50）

啓（溪脂）、開（溪微），脂、微旁轉。（52）

董、僅、勤（群文）。（52）

徑（見耕）、解、街（見支），支、耕對轉。（53）

猒、厭（影談）。（53，66）

攫、攪（見鐸）、據（見魚），魚、鐸對轉。（55）

董、筋（見文）。（55）

會（匣月）、合（匣緝），緝、月旁對轉。（55，64）

唬（匣幽）、號（匣宵），宵、幽旁轉。（55）

嗄、憂、幽（影幽）。（55）

隘、益（影錫）。（55）

期、忌（群之）。（57）

固（見魚）、國（見職），魚、職旁對轉。（57）

槿、根（見文）。（59）

郊、交（見宵）。（61）

稽、楷（溪脂）。（65）

垣（匣元）、衛（匣月），元、月對轉。（69）

抗、亢（溪陽）。（71）

哀、依（影微）。（71）

畏、威（影微）。（74）

曜、懼（群魚）、懼（群鐸），魚、鐸對轉。（76）

飢（見脂）、饑（見微），脂、微旁轉。（77）

兢（見蒸）、斤（見文），蒸文通轉。（78）

印（影眞）、抑（影質），眞、質對轉。（79）

攻、功（見東）。（80）

禾、和（匣歌）。（81）

焉、安（影元）。（81）

1、影——疑——曉

音（影侵）、意（影職）、言（疑元或疑文），職、文、侵通轉。（2）

蜮（影微）、魂、虺、虫（曉微）、蚖（疑元），微、元旁對轉。（55）

2、曉——影——匣

呵（曉歌）、旖（影歌）、兮（匣支），歌、支旁對轉。（3、34），例：

帛書甲：瀟呵，始萬物之宗。

帛書乙：淵呵，似萬物之宗。

漢簡本：淵旖，佁萬物之宗。

王弼本：淵兮，似萬物之宗。

虎（曉魚）、虖、乎（匣魚）、呵（曉歌）、兮（匣支）、焉（影元），元、歌對轉，元、魚通轉，魚、支旁轉。（15）

焉（影元）、旖（影歌）、兮（匣支），歌、元對轉，歌、支旁對轉。

何（匣歌）、呵曉歌）、兮（匣之），歌、支旁對轉。（25）

爲（匣歌）、化（曉歌）。（37，57，64）

於（影魚）、乎（匣魚）。（43）

禍（匣歌）、化（曉歌）。（46）

虍（曉魚）、乎（匣魚）、吾（疑魚）。（54）

畲（影侵）、含（匣侵）。（55）

韋（匣微）、諱（曉微）。（57）

乎（匣魚）、於（影魚）、虖（曉魚）。（63）

壴、喜（曉之）、矣（匣之）。（64）

憲（曉元）、害（匣月），月、元對轉。（66）

3、溪──曉──匣──影

可（溪歌）、訶、呵（曉歌）、何（匣歌）、阿（影歌）。（20）

可（溪歌）、呵（曉歌）、旖（影歌）、乎（匣魚），歌、魚通轉。（35）

化、貨（曉歌）、咼（溪歌）。（12）

翕、欱、歙（曉緝）、匧（溪葉），緝、葉旁轉。（49）

可（溪歌）、苛、何（匣歌）。（13）

梡（溪或匣元）、患（匣元）。（13）

快（溪月）、慧（匣月）、惠（匣質），質、月旁轉。（18）

夸（溪魚）、竽（匣魚）、杅（匣魚）、杇（影魚）。（53）

豪、毫（匣宵）、犒（溪宵）。（64）

4、見──溪──匣

屈（溪物）、淈（見物）。（5）

达、去（溪魚）、奇（見歌），魚、歌通轉。（13）

詰（溪質）、計（見脂），質、脂對轉。（14）

君、昆（見文）、運、混（匣文）、捆（溪文）。（14）

或（匣職）、國（見職）、故（見魚），職、魚旁對轉。

咳、孩（匣之）、該（見之）。（20）

亥（匣之）、改（見之）。（25）

右（匣之）、囿、或、域（匣職）、國（見職），之、職對轉。（25）

輕（溪耕）、巠（見耕）。（26，77）

雞、鷄（見支）、溪、谿（溪支）。（28）

佳（見支）、觟（匣支）。（31）

后、後（匣侯）、句（見侯）。（38）

佳（見支）、觟（匣支）。（31）

壴、皇（匣陽）、廣（見陽）。（40）

學（匣覺）、教（見宵），宵、覺旁對轉。（42，64）

句（見侯）、厚（匣侯）。（44）

夬（見月）、缺（溪月）。（45）

鄗（匣宵）、郊（見宵）。（46）

圭、規（見支）、闚（溪支）。（47）

晐（見之）、咳、駭、孩（匣之）。（49）

慨（溪微）、既（見微）。（52）

央、殃（影陽）。（52）

胃、謂（匣物）、爲（匣歌），物、歌旁對轉。（52）

挈（溪月）、摖、介（見月）。（53）

夬（見月）、缺（溪月）。（58）

域（匣職）、國（見職）。（59）

賀（匣歌）、加（見歌）。（62）

既、鎎（見物）、氣（溪物）。（68）

栝（見月）、枯（溪魚）、活（匣月）。（75）

怪（見之）、恢（溪之）。（75）

賢（匣眞）、堅（見眞）。（78）

車（見魚）、苦、枯（溪魚）。（78）

詬（溪侯）、垢（見侯）。（80）

介、芥（見月）、契（溪月）。（81）

5、見——群

喬（群宵）、高、驕（見宵）。（9）

怵（群幽）、救（見幽）。（27）

高、驕（見宵）、喬（群宵）。（30）

堇（見文）、勤（群文）。（40）

舊（羣之）、久（見之）。（44）

君（見文）、躬、躳（見冬）、窘（群文）、窮（群冬），文、冬通轉。（45）

述（群幽）、棘（見職）、救（見幽），幽、職旁對轉。來（來之）與見組組成複輔音〔gl〕，之、幽旁轉。（52）

拱（見東）、共（群東）。（62）

斤（見眞）、近（群文）、幾（見微），眞、文旁轉，微、文對轉，微、眞旁對轉。（71）

6、見──影──匣

闓（影葉）、柙、狎（匣葉）、甲（見葉）。（74）

驚（見耕）、纓（影耕）。（13）

鬼（見微）、畏（影微）。（20）

奇、畸（見或群歌）、倚（影歌）。（57）

7、曉──疑

虍（曉魚）、吾（疑魚）。（13）

虖（曉魚）、吾（疑魚）。（49）

8、見──疑

敢（見談）、嚴、儼（疑談）。（15）

居（見魚）、吾（疑魚）。（16）

閔（見元）、抏、頑（疑元）。（20）

刖（疑月）、劂（見月）。（58）

19、章──禪

竺（章屋）、孰（禪屋）。（15）

10、溪──匣──群

極（群職）、恒（匣蒸），職、蒸對轉。（16）

幾（羣微）、豈（溪微）。（23）

睘（群元）、還（匣元）。（30）

可（溪歌）、何、苛（匣歌）、奇（群歌）。（57）

恆（匣蒸）、極（群職），職、蒸對轉。（59）

11、見──曉──溪

憑（見歌）、化（曉歌）。（19）

季（見質）、孝（曉幽）、畜（曉覺）。（19）

化（曉歌）、過（見歌）、咼（溪歌）。（35，64）

客（溪鐸）、格（見鐸）。（35）

卿（溪陽）、鄉（曉陽）、公（見東），陽、東旁轉。（62）

12、見──群──曉

拾（羣緝）、欿、翕、歙（曉緝）。（36）

檢（見談）、儉（群談）、歛（曉談）。（69）

13、見——曉——匣——群

恒（匣蒸）、兢（見蒸）、共（群東）、烘（曉東）、核（匣职），蒸、职對轉，蒸、東旁轉。（78）

五、來母

覽（來侵）、藍（來談）、監、鑒（見談）。來母和見母組成複輔音〔kl〕。（10）

弄、龍（來東）、寵（透東），〔t'l〕。（13）

癘、刺（來月）、蠆（透月），〔t'l〕。（55）

冰（幫蒸）、凌（來蒸），〔pl〕。（15）

命（明耕）、令（來耕），〔ml〕。（19，32）

塱、芒（明陽）、颲（來幽），〔ml〕，幽、陽旁對轉？。（20）

蚰、昆（見文）、混（匣文）、綸（來文或見元），組成複輔音〔kl〕，或文、元旁轉。（25）

雞、鷄（見支）、離（來歌），複輔音〔gl〕，支、歌旁對轉。（28）

朸（來職）、棘（見職），組成複輔音〔kl〕。（30）

龑（見東）、龍（來東）、僂（來侯），組成複輔音〔gl〕，東、侯對轉。（31）

位（來或匣微）、立（來緝）、泣（溪或來緝）。來母與匣母或溪母的諧聲可爲複輔音〔gl〕、〔k'l〕之依據，微、緝通轉。（31）

貴（見物）、類、纇（來物），組成複輔音〔kl〕。（40）

狰、獴（來耕）、孟、猛（明陽）），〔ml〕，耕、陽旁轉。（55）

史、使（山之）、事（崇之）、吏（來之）。（55）

廉（來談）、兼（見談），〔kl〕。（58）

莅、立（來緝）、位（匣緝）、複輔音〔gl〕。（60）

橺、恆（見蒸）、筋（見文）、倰（來蒸），複輔音〔kl〕，文、蒸通轉。（78）

六、餘母

1、影——餘

殹（影脂）、也（餘歌）。脂、歌旁轉。（1）

於（影魚）、與（餘魚）。（32）

2、匣——餘

矣（匣之）、已（餘之）。（2）

營（餘耕）、熒（匣耕）、魂（匣文），文、耕旁轉。（10）

矣（匣之）、也（餘歌），歌、之旁對轉。（34）

也（餘歌）、乎（匣魚）。（39）

3、餘——邪

悅、曳（餘月）、欲（餘屋）、襲（邪緝），月、緝、屋旁對轉？（27）

恙（餘陽）、祥（邪陽）。（31）

4、見母和餘母

谷（見屋）、浴（餘屋）。（6）

舉（見魚）、與（餘魚）。（36）

谷（見屋）、欲（餘屋）。（57）

5、曉——餘

輿、邪（餘魚）、虖（曉魚）。（7）。餘母每與舌、齒、牙喉音相諧，李方桂、周祖謨、王力先生都有所論及。

輿、與、邪（餘魚）、虖（曉魚）。（62）

6、餘——曉——匣

輿、與（餘魚）、虖（曉魚）、乎（匣魚）。（5）

谷（見屋）、欲（餘屋）。（30）

惟（餘微）、隹（章微）。（31）

欲、裕（餘屋）、道（定幽），幽、屋旁對轉。（31）

七、見組與端組

栝（見月）、沽（見魚）、治（定之），魚、月通轉，之、魚旁轉。之、月旁對轉？栝有兩讀，透母談部；又爲見母月部，魚、月、談通轉。（10），例：

帛書甲：愛〔民栝邦，能母以知乎〕？

帛書乙：愛民栝國，能毋以知乎？

漢簡本：愛民沽國，能毋以智虖？

王弼本：愛民治國，能無知乎？

對照：栝（見月）、枯（溪魚）、活（匣月）。（75），例：

帛書甲：勇於敢者〔則〕殺，〔勇〕於不敢者則栝。

帛書乙：勇於敢則殺，勇於不敢則栝。

漢簡本：勇於敢則殺，勇於不敢則枯。

王弼本：勇於敢則殺，勇於不敢則活。

吔（餘歌）、旖（影歌）、兮（匣支）。（21）

坉、沌（定文）、湷、春（昌文）、混（匣文）。（15），例：

楚簡本：坉啻亓奴濁。

帛書甲：湷〔呵其若濁〕。

帛書乙：湷呵亓若濁。

漢簡本：沌虖其如濁。

王弼本：混兮其若濁。

炊（昌歌）、企（溪支），歌、支旁對轉。（22）。《廣韻》韻部皆在三等止攝。「西漢時期歌、支兩部的讀音是很接近的，很像是併爲一部。但是歌部字可以跟魚部字押韻，而支部字絕不跟魚部字押韻，足見歌、支兩部還不能就作爲一部看待。所以我們把它分爲兩部。」（羅常培、周祖謨《漢魏晉南北朝韻部演變研究》，第 26 頁）雖然結論是歌、支不能併爲一部，但既然音近，則可相通，故「炊」或當爲「企」之借。今贛方言中，宜黃、奉新倒是有昌母如吹（昌母歌部）讀作 qi。

日（日質）、榮（匣耕），質、耕通轉。（28）

炅（見耕）、熱（日月）、歔（曉魚），魚、月通轉魚、耕旁對轉。（29）

撴（透歌）、墮、隋（定歌）、隳（曉歌）。（29）

友（匣之）、柔（日幽）、奜（日元），之、幽旁轉。（36）

黹（端脂）、希（曉微），脂、微旁轉。（40）

器（溪質）、埶（疑月）、勢（書月）、熱（日月），聲母是見組和章組互諧，不僅出土文獻、諧聲字有一些，在閩方言、湘方言中也可看到見組、章組互諧的情況，質、月旁轉。（51）

有、又（匣之）、乃（泥之）。（54）

蓋、赫（曉鐸）、螫（書鐸）。（55），諧聲字中有章組與見組互諧的情況，如赤（昌）、赦（書）、赫（曉）、郝（曉），閩、湘方音中也有章組讀爲見組的，故蓋、赫、螫音通可借。

捉（莊屋）、握（影屋）、摳（溪侯），侯屋對轉。（55）

槱、幬、箒、帚（章幽）、注（章侯）、奧（影覺），幽、侯旁轉，幽、覺對轉。（62）

訢（曉文）、慎（禪眞），眞、文旁轉。（64）

八、見組與精組

莊（莊陽）、曠（溪陽）、廣（見陽）

即（精質）、次（精脂）、既（見物），質、脂對轉，脂、物旁對轉，質、物對轉。（17）

虎（曉魚）、所（山魚）。（19）

損（心文）、員、云（匣文）。（42，48）

察（初月）、計（見質）。（58）

笑（心宵）、妖（影宵），心母與影母可互諧，如瀟、淵。（58）

盧（從耕）、且（清魚）、幾（見微）、其（群之），之、微通轉，之、魚旁轉，魚、耕旁對轉。（64）

九、端組與精組

1、心——定

脩（心幽）、滌（定覺），心母和定母在諧聲字和文獻中也有互諧的情況，或可組成複輔音〔st〕，幽、覺對轉。（10）

2、定——崇

士（崇之）、道（定幽），「照二歸精」，方言中有精組讀爲端組的，如山東臨沂等地，之、幽旁轉。（15）

3、餘——從

夜（餘鐸）、與、豫（餘魚）、就（從覺），魚、鐸對轉，覺、魚旁對轉（中古音韻地位皆爲開口、三等、去聲）。（15）

4、精——書——日

積（精錫）、獸、守（書幽），幽、錫旁對轉？（16）

千（清眞）、身（書眞）、人（日眞）。（18）

5、端——章——從

中（端冬）、正（章耕）、情、靜（從耕），冬、耕旁轉。（16）

6、定──心──從

斂（定月）、繡、蕭（心幽）、肅（心覺）、寂（從覺），心母與定母或爲複輔音〔st〕，幽、覺對轉。（25）

7、心──餘

雖（心微）、唯（餘微）。（26）

雖（心微）、唯（餘微）、售。（32）

攸（餘幽）、脩、修（心幽）。（54）

8、清──昌

硟（清歌）、吹、炊（昌歌）。（29）

9、書──心

少（書宵）、小（心宵）。（32）

10、從──禪

層（從耕）、城、成（禪耕）。（64）

11、精──心──禪──透

進（精眞）、隼（心文）、誰（禪微）、推（透微），眞、文旁轉。（66）

徹（透月）、肆（心質），質、月旁轉。（81）

12、心──日

襄（心陽）、攘（日陽）。（71）

仞、肕（日文）、信（心眞），文、眞旁轉。（78）

十、見組和幫組

1、曉──明

忽（曉物）、昧、沒（明物）。（14）

汩、沒（明物）、惚（曉物）。（14）

朢、芒（明陽）、恍（曉陽）。（14）

恍（曉）：悅（曉），芒（明），慌（曉），望（明），朢（明）

惚（曉）：㪍（曉），芴（曉），忽（曉），汩（明）

朢、芒（明陽）、荒（曉陽）。（20）

汒、朢（明陽）、恍（曉陽）。（21）

緍、緡、悶、問、門（明文）、捪（匣文）、昏（曉文）。（18）

悶、閩、門（明文）、昏（曉文）。（20）

聞（明文）、昏（曉文）。（40）

紊、悶、閔（明文）、昏（曉文）。（58）

2、溪──幫

悝（溪之）、鄙（幫之）。（20）

去（溪魚）、廢（幫月），魚、月通轉。（36）

3、影──滂

楃（影屋）、樸（滂屋）。（15）

楃（影屋）、僕（並屋）、樸（滂屋）。（32）

楃（影屋）、樸、撲（滂屋）。（37）

4、疑──明

聞（明文）、言（疑元），文、元旁轉。

帛書甲乙：多聞數窮，不若守於中。

漢簡本：多聞數窮，不若守於中。

王弼本：多言數窮，不如守中。

5、曉──滂

烹（滂陽）、亨（曉陽）。（60）

十一、其它

1、餘──明──見

攸（餘幽）、謬（明幽）、皦、杲（見宵），宵、幽旁轉。（14）

帛書甲：一者，其上不攸，其下不物。

帛書乙：一者，亓上不謬，亓下不物。

漢簡本：參也，其上不杲，其下不沒。

王弼本：其上不皦，其下不昧。

2、明──曉──定

汒、沒（明物）、物（曉物）、澹（定談），談、物旁對轉？（20）

帛書甲：物呵，其若〔海〕；朢呵，其若无所止。

帛書乙：汒呵，亓若海；朢呵，若无所止。

漢簡本：沒旖，其如晦；芒旖，其無所止。

王弼本：澹兮，其若海。飂兮，若無止。

3、明——見——來

穆（明覺）、繆（明幽或來幽）、漻、寥（來幽）、覺（見覺），幽、覺對轉，或組成複輔音〔ml〕、〔kl〕。（25），例：

楚簡本：斂繆。

帛書甲：繡呵繆呵。

帛書乙：蕭呵漻呵。

漢簡本：肅覺。

王弼本：寂兮寥兮。

4、影——滂

楃（影屋）、樸（滂屋）。（28）

5、明——定——透

悶、門（明文）、兌、垸（定月）、脫（透月），文、月旁對轉。或：閔、罱（定眞）、兌、垸（定月）、脫（透月），眞、月旁對轉。（52）

6、日——明——群

柔（日幽）、矛（明幽）、求（群幽）。（55）

爾（日脂）、彌（明脂）。（57）日母的擬音很複雜，與各地的方音有密切的關係，也許只有窮盡了方音的調查，才能更好地與古音聯繫對比起來分析，得出結論。

7、明——泥

溺（泥藥）、妙、眇（明宵），宵、藥對轉。（15）

8、韻母的差別

谷（見屋）、合（匣緝）、會（匣月），月、緝、屋旁對轉？（32）

怈、曳（餘月）、欲（餘屋）、襲（邪緝），月、緝、屋旁對轉？（27）

2. 同義字

恒（帛書甲、漢簡本，匣蒸）——常（王弼本，禪陽），避諱。（1）

无（帛書甲乙）——無（漢簡本、王弼本，明魚）。（1）

萬物（帛書甲乙）——天地（王弼本）。（1）

居（楚簡本、帛書甲乙、漢簡本，見魚）——處（王弼本，昌魚）。（2）

民（帛書甲乙）——心（漢簡本）——民心（王弼本）。（3）

潚（帛書甲）──淵（帛書乙、王弼本）。（4）

聞（帛書甲乙、漢簡本，明文）──言（王弼本，疑元，文、元旁轉）。（5）

竆（帛書甲乙）──穷（漢簡本）──窮（王弼本），古今字。（5）

芮（帛書甲，日月）──退（帛書乙）──後（漢簡本、王弼本）。（7）

室（帛書甲乙、漢簡本，書耕）──堂（王弼本，定陽）。（9）

啓（帛書乙、漢簡本，溪脂）──開（王弼本，溪微，脂微旁轉），避諱。（10）

闔（帛書乙、王弼本）──閉（漢簡本）。（10）

卅（帛書甲乙、漢簡本）──三十（王弼本）。（11）

同（帛書乙、漢簡本）──共（王弼本）。（11）

使（帛書甲乙）──令（漢簡本、王弼本）。（12）

馳（帛書甲乙、王弼本）──敺（漢簡本）。（12）

忎（楚簡本）──愛（帛書甲乙、漢簡本、王弼本），古今字。（13）

揞（帛書甲乙）──搏（王弼本、漢簡本）。（14）

道（帛書乙）──士（楚簡本、漢簡本、王弼本）。（15）

達（楚簡本、帛書乙、漢簡本）──通（王弼本）。（15）

川（楚簡本、王弼本，昌微）──水（帛書甲乙、漢簡本，書文，微、文對轉）。（15）

淩（帛書甲乙）──冰（漢簡本、王弼本）。（15）

兇（帛書甲、漢簡本）──凶（帛書乙、王弼本），古今字。（16）

曰（楚簡本、漢簡本）──胃（帛書甲，匣物）──謂（王弼本）。（17）

猷（楚簡本）──猶（帛書乙、漢簡本）──悠（王弼本，餘幽）。（17）

邦（楚簡本、帛書甲）──國（帛書乙、漢簡本、王弼本），避諱。（18，61）

复（楚簡本）──復（帛書甲乙、王弼本），古今字。（19）

敻（楚簡本）──文（帛書甲乙、漢簡本、王弼本）。（19）

命（楚簡本）──令（帛書甲乙、漢簡本、王弼本）。（19，32）

視（楚簡本）──見（帛書甲乙、漢簡本、王弼本）。（19）

厶（楚簡本）──私（帛書甲乙、漢簡本、王弼本），古今字。（19）

春（帛書甲乙、王弼本）──萅（漢簡本）。（20）

累（帛書甲）——纍（帛書乙）——絫（漢簡本）——儽（王弼本）古今字。（20）

蔡（帛書甲，清月）——察（帛書乙、王弼本，初月）——計（漢簡本）。（20）

唯（帛書甲乙、漢簡本）——惟（王弼本）。（21）

然（帛書甲乙、漢簡本）——狀（王弼本）。（21）

仪（帛書甲）——父（帛書乙、漢簡本，並魚）——甫（王弼本，幫魚）。（21）

視（帛書甲乙、漢簡本）——是（王弼本）。（22）

章（帛書甲乙、漢簡本）——彰（王弼本）。（22）

定（帛書甲）——正（帛書乙、漢簡本）——直（王弼本）。（23）

敝（帛書甲、漢簡本、王弼本）——嫳（帛書乙）。（23）

執（帛書甲乙、漢簡本）——抱（王弼本）。（23）

牧（帛書甲乙、漢簡本）——式（王弼本）。（23）

語（帛書甲乙、漢簡本）——言（王弼本）。（23）

暴（帛書甲乙）——趨（漢簡本）——驟（王弼本）。（24）

而（帛書乙）——尚（王弼本）。（24）

牆（楚簡本）——物（帛書甲乙、漢簡本、王弼本）。（25）

天下（楚簡本、王弼本）——天地（帛書甲乙、漢簡本）。（25）

未（楚簡本、帛書甲乙）——不（漢簡本、王弼本）。（25）

安（楚簡本）——焉（帛書甲乙、漢簡本、王弼本）。（25，32）

凥（楚簡本）——居（帛書甲乙、漢簡本、王弼本），古今字。（25）

灋（楚簡本、漢簡本）——法（帛書甲乙、王弼本），古今字。（25）

趮（帛書甲乙、漢簡本）——躁（王弼本）。（26）

君子（帛書甲乙、漢簡本）——聖人（王弼本）。（26）

蓏（帛書甲，來歌）——遠（帛書乙、漢簡本）——離（王弼本）。（26）

王（帛書甲乙、漢簡本）——主（王弼本）。（26）

闤（帛書甲）——關（帛書乙、漢簡本、王弼本）。（27）

籥（帛書甲乙）——鍵（漢簡本）——楗（王弼本）。（27）

啓（帛書甲乙、漢簡本）——開（王弼本）。（27）

纆（帛書乙）——繩（漢簡本、王弼本）。（27）

財（帛書甲乙）——物（王弼本）。（27）

是（帛書甲乙、王弼本）——此（漢簡本）。（27）

炅（帛書甲）——熱（帛書乙、漢簡本）——歊（王弼本）。（29）

宔（楚簡本）——主（帛書甲乙、漢簡本、王弼本）。（30）

楚（帛書甲、漢簡本）——荊（王弼本）。（30）

弗（楚簡本、漢簡本）——勿（帛書甲乙、王弼本）。（31）

毀（楚簡本）——喪（帛書甲、漢簡本）——凶（王弼本）。（31）

忞（楚簡本）——依（帛書甲，影微）——哀（漢簡本、王弼本）。（31）

死（楚簡本）——恆（帛書甲乙）——恒（漢簡本）——常（王弼本）。
（32）

弗（楚簡本、帛書乙）——莫（王弼本）。（32）

敢（楚簡本、帛書乙）——能（王弼本）。（32）

獸（楚簡本）——守（帛書甲乙、漢簡本、王弼本）。（32）

斳（楚簡本）——制（帛書甲乙、王弼本，章月）——正（漢簡本，章
耕）。（32）

辥（漢簡本）——辭（王弼本）。（34）

則（帛書甲乙）——故（漢簡本）。（34）

矣（漢簡本）——也（帛書甲乙）。（34）

名（帛書甲、王弼本）——命（帛書乙）。（34）

徍（徃）（楚簡本）——往（帛書甲乙、漢簡本、王弼本），古今字。（35）

聖（楚簡本）——聽（帛書甲乙本、漢簡本、王弼本）。（35）

聉（楚簡本）——聞（帛書甲乙本、漢簡本、王弼本），古今字。（35）

可（楚簡本、帛書甲乙本、漢簡本）——足（王弼本）。（35）

去（帛書甲乙）——廢（漢簡本、王弼本）。（36）

與（帛書甲乙）——舉（漢簡本）——興（王弼本）。（36）

予（帛書甲乙、漢簡本）——與（王弼本）。（36）

牂（帛書甲，匣之）——奰（漢簡本）——柔（帛書乙、王弼本）。（36）

正（帛書甲乙、漢簡本）——定（楚簡本、王弼本）。（37）

癰（帛書乙）——應（漢簡本、王弼本），古今字。（38）

后（帛書甲）——句（帛書乙，見侯）——後（漢簡本、王弼本）。（38）

泊（帛書甲乙，並鐸）——淺（漢簡本）——薄（漢簡本、王弼本，並鐸）。（38）

首（帛書甲乙、漢簡本）——始（王弼本）。（38）

正（帛書甲乙、漢簡本）——貞（王弼本）。（39）

與（帛書甲乙）——邪（漢簡本、王弼本）。（39）

也（帛書甲乙、漢簡本）——乎（王弼本）。（39）

悳（楚簡本）——德（帛書乙、漢簡本、王弼本），古今字。（40）

貞（楚簡本）——眞（漢簡本、王弼本）。（40）

曼（楚簡本）——免（帛書乙）——勉（漢簡本）——晚（王弼本，明元）。（40）

褮（帛書乙）——殷（漢簡本，影文）——隱（王弼本，影文）。（40）

返（楚簡本）——反（帛書甲乙、漢簡本、王弼本）。（41）

名（帛書甲）——命（漢簡本）——稱（王弼本）。（42）

於（帛書甲、漢簡本）——乎（帛書乙）。（43）

𧴌（楚簡本）——得（帛書甲、漢簡本、王弼本）。（44）

亡（楚簡本）——亡（帛書甲、漢簡本、王弼本）。（44）

炁（楚簡本）——愛（漢簡本、王弼本），古今字。（44）

㝅、垕（楚簡本）——厚（漢簡本、王弼本），古今字。（44）

喿（楚簡本，心宵）——趮（帛書甲、漢簡本）——躁（王弼本）。（45）

蒼（楚簡本）——寒（帛書甲乙、漢簡本、王弼本）。（45）

然（楚簡本，日元）——炅（帛書甲）——熱（漢簡本、王弼本）。（45）

生（帛書甲乙、王弼本）——產（漢簡本）。（46）

辠（楚簡本）——罪（帛書甲乙、漢簡本）。（46）

厚（楚簡本）——大（帛書甲乙、漢簡本）。（46）

知（帛書甲乙）——智（漢簡本）——見（王弼本）。（47）

民（帛書甲乙、漢簡本）——人（王弼本）。（50）

陵（帛書甲乙、漢簡本）——陸（王弼本）。（50）

矢（帛書甲，書脂）——兕（帛書乙、漢簡本）——兕（王弼本），古今字。（50）

甲（帛書甲、王弼本）——革（帛書乙、漢簡本）。（50）

㯱（帛書甲、漢簡本）——投（王弼本）。（50）

尌（帛書甲）──爵（帛書乙、漢簡本）──命（王弼本）。（51）

沒（帛書甲乙、王弼本）──歾（漢簡本）。（52）

閔（楚簡本）──閉（帛書甲乙、漢簡本、王弼本）。（52）

啓（楚簡本、帛書甲乙、漢簡本）──開（王弼本），避諱。（52）

胃（帛書甲乙）──謂（漢簡本）──爲（王弼本）。（52）

襲（帛書甲、漢簡本）──習（王弼本）。（52）

芜（帛書甲乙）──蕪（漢簡本、王弼本），古今字。（53）

猒（帛書乙）──厭（漢簡本、王弼本），古今字。（53）

毛（楚簡本，章鐸）──絕（帛書乙、漢簡本）──輟（王弼本，章月，鐸月通轉）。（54）

豭（楚簡本）──家（帛書乙、漢簡本、王弼本），古今字。（54）

博（帛書乙）──薄（漢簡本，滂魚）──普（王弼本）。（54）

哺（楚簡本，並魚）──搏（帛書甲、王弼本）── 薄（漢簡本，幫鐸，魚、鐸對轉）──捕（帛書乙）。（55）

捉（楚簡本）──握（帛書甲乙、王弼本）──摳（漢簡本）。（55）

佸（楚簡本）──會（帛書乙）──合（漢簡本、王弼本）。（55）

惹（楚簡本）──怒（帛書乙、漢簡本）──作（王弼本）。（55）

燹（楚簡本）──氣（帛書甲乙、漢簡本、王弼本），古今字。（55）

則（楚簡本、帛書乙、漢簡本、王弼本）──即（帛書甲）。（55）

邦（楚簡本、帛書甲）──固（漢簡本，見魚）──國（王弼本）。（57）

灋（楚簡本、漢簡本）──法（帛書甲、王弼本），古今字。（57）

正（帛書乙、漢簡本）──政（王弼本）。（58）

察（帛書甲乙、王弼本）──計（漢簡本）。（58）

邦（帛書甲）──國（漢簡本）──民（王弼本）。（58）

刺（帛書乙）──刵（漢簡本）──劌（王弼本）。（58）

是以（楚簡本、帛書乙、漢簡本）──是謂（王弼本）。（59）

備（楚簡本）──服（帛書乙、漢簡本、王弼本）。（59）

陳（楚簡本）──國（帛書甲乙、漢簡本、王弼本），古今字。（59）

爲（帛書甲乙）──以（漢簡本、王弼本）。（61）

兼（帛書甲、王弼本）──并（帛書乙）。（61）

卿（帛書甲）──鄉（帛書乙，曉陽）──公（漢簡本、王弼本）。（62）

胃（帛書甲乙）——曰（漢簡本、王弼本）。（62）

與（帛書甲，餘魚）——与（帛書乙）——虖（漢簡本）——邪（王弼本）。（62）

乎（帛書甲乙）——虖（漢簡本，曉魚）——於（王弼本）。（63）

愳（楚簡本）——謀（帛書甲、漢簡本、王弼本），古今字。（64）

幾（楚簡本）——微（漢簡本、王弼本）。（64）

甲（楚簡本）——作（帛書甲乙、漢簡本）——起（王弼本）。（64）

薑（楚簡本）——贏（帛書甲，來歌）——藁（帛書乙）——絫（漢簡本）——累（王弼本）。（64）

遠、遊（楚簡本）——失（帛書乙、漢簡本、王弼本）。（64）

釿、斬、訢（楚簡本）——慎（帛書甲乙、漢簡本、王弼本）。（64）

此（楚簡甲本）——則（帛書甲乙、漢簡本、王弼本）。（64）

貨（楚簡本、帛書乙、漢簡本、王弼本）——賸（帛書甲），古今字。（64）

孝（楚簡本）——學（楚簡丙本、帛書甲乙、漢簡本、王弼本）。（64）

能（楚簡甲）——敢（楚簡丙、帛書甲乙、漢簡本、王弼本）。（64）

德（帛書甲乙、漢簡本）——福（王弼本）。（65）

稽（帛書甲乙、王弼本）——楷（漢簡本、其它通行本）。（65）

此（帛書甲）——是（帛書乙、漢簡本、王弼本）。（65）

矣（帛書甲、王弼本）——也（帛書乙）。（65）

百（楚簡本）——百（帛書甲乙、漢簡本王弼本）。（66）

耑（楚簡本）——先（帛書甲乙、漢簡本、王弼本）。（66）

逡（楚簡本）——後（帛書甲乙、王弼本），古今字。（66）

上（楚簡本、帛書甲乙、王弼本）——高（漢簡本）。（66）

厚（楚簡本）——重（帛書甲乙、漢簡本、王弼本）。（66）

十（帛書甲乙）——什（漢簡本、王弼本）。（67）

百（帛書甲乙）——佰（漢簡本、王弼本）。（67）

毋（帛書甲）——勿（帛書乙、漢簡本）——不（王弼本）。（67）

車（帛書甲乙、漢簡本）——輿（王弼本）。（68）

聖（帛書甲、漢簡本）——望（帛書乙、王弼本）。（68）

狗（帛書甲乙、漢簡本）——犬（王弼本）。（68）

而（帛書乙）——以（漢簡本）——似（王弼本，邪之）。（69）

事（帛書甲）──器（帛書乙、王弼本）。（69）

將（帛書甲乙、王弼本）──之（漢簡本）。（69）

建（帛書甲乙）──救（漢簡本、王弼本）。（69）

垣（帛書甲乙）──衛（漢簡本、王弼本）。（69）

无（帛書甲、漢簡本）──無（帛書乙）──輕（王弼本）。（71）

亡（帛書甲乙、漢簡本）──喪（王弼本）。（71）

稱（帛書甲）──抗（帛書乙、王弼本）──亢（漢簡本，溪陽）。（71）

若（帛書甲乙、漢簡本）──加（王弼本）。（71）

人（帛書甲）──天下（帛書乙、漢簡本、王弼本）。（72）

褱（帛書甲乙）──懷（漢簡本、王弼本），古今字。（72）

罔（帛書乙、漢簡本）──網（王弼本）。（75）

奈（帛書甲、漢簡本、王弼本）──若（帛書乙）。（76）

殺（帛書甲乙、漢簡本）──死（王弼本）。（76）

若（帛書甲）──使（帛書乙）──若使（漢簡本、王弼本）。（76）

飢（帛書甲乙、漢簡本）──饑（王弼本）。（77）

不（帛書甲乙、漢簡本）──難（王弼本）。（77）

戁（帛書甲）──槁（帛書乙、王弼本）──蒿（漢簡本）。（78）

印（帛書甲乙）──抑（漢簡本、王弼本）。（79）

補（帛書甲、王弼本）──輔（漢簡本）。（79）

益（帛書乙）──奉（漢簡本）──補（王弼本）。（79）

水（帛書乙）──柔（王弼本）。（80）

焉（帛書甲）──安（漢簡本、王弼本）。（81）

劈（帛書甲乙）──肆（漢簡本，心質）──徹（王弼本），古今字。（81）

3. 異體字

逡（楚簡本）──後（帛書甲乙、漢簡本、王弼本）。（2）

聖（楚簡本、漢簡本、王弼本）──聲（帛書甲，書耕）──耶（帛書乙）。（2）

季（楚簡本）──教（帛書乙、漢簡本、王弼本）。（2）

俊（楚簡本）──昔（帛書乙，心鐸）──作（漢簡本、王弼本）。（2）

怠（楚簡本）──始（帛書乙）──辝（漢簡本）──辭（王弼本）。（2）

售（楚簡本，禪幽）──唯（帛書甲乙、漢簡本、王弼本，餘微）。（2）

勿（楚簡本）──聞（帛書甲乙、王弼本）──間（漢簡本）。（5）

猷（楚簡本、帛書乙）──猶（帛書甲、漢簡本、王弼本）。（5）

返（楚簡本）──及（帛書甲乙、漢簡本、王弼本）。（13）

庀（楚簡本）──女（帛書甲乙）──安（漢簡本、王弼本）。（15）

術（楚簡本）──道（帛書甲乙、漢簡本、王弼本）。（15）

复（楚簡本）──作（帛書甲乙、漢簡本、王弼本）。（16）

豪（楚簡本）──家（帛書甲乙、漢簡本、王弼本）。（18）

𢇍（楚簡本）──絕（帛書甲乙、漢簡本、王弼本）。（19）

弃（楚簡本）──棄（帛書甲乙、漢簡本、王弼本），古今字。（19）

愳（楚簡本）──僞。（19）

惪（楚簡本）──憂（帛書甲乙、漢簡本、王弼本）。（20）

熙（帛書甲乙、漢簡本）──熙（王弼本）。（20）

弜（楚簡本）──強（帛書甲乙、漢簡本、王弼本）。（25）

連（楚簡本）──遠（帛書甲乙、漢簡本、王弼本）。（25）

弝（楚簡本）──強（帛書乙、漢簡本、王弼本）。（30）

宲（楚簡本）──賓（帛書甲乙、漢簡本、王弼本）。（32）

㞢（楚簡本）──止（帛書乙、漢簡本、王弼本）。（32）

㞢（楚簡本）──止（帛書甲乙本、漢簡本、王弼本）。（35）

橐（帛書甲乙）──穀（漢簡本、王弼本）。（39）

芺（楚簡本、漢簡本）──笑（帛書乙、王弼本）。（40）

甚（楚簡本）──甚（帛書甲、漢簡本、王弼本）。（44）

穿（楚簡本）──竆（帛書甲，群文）──窮（漢簡本、王弼本，群冬）。（45）

朵（楚簡本）──拔（帛書甲乙、漢簡本、王弼本）。（54）

鄉（楚簡本）──鄉（帛書乙、漢簡本、王弼本）。（54）

蟲（楚簡本，幫物）──逢（帛書甲，並東）──蠭（帛書乙）──蠭（漢簡本）──蜂（王弼本）。（55）

蠆（楚簡本）──㓼（帛書甲，來月）──癘（帛書乙，來月）──蠆（漢簡本、王弼本）。（55）

忬（楚簡本）——发（帛書甲）——嗄（帛書乙）——幽（漢簡本，影幽）——嘠（王弼本）。（55）

惊（楚簡本）——常（帛書甲乙、漢簡本、王弼本）。（55）

弜（楚簡本）——强（帛書甲乙、漢簡本、王弼本）。（55）

迟（楚簡本）——起（漢簡本、王弼本）。（57）

鞋（楚簡本）——難（帛書甲乙、漢簡本、王弼本）。（63）

猷（楚簡本、帛書甲）——猶（漢簡本、王弼本）。（63）

畔（楚簡本）——判（漢簡本）——泮（王弼本）。（64）

敗（楚簡本）——敗（帛書乙、漢簡本、王弼本）。（64）

害（楚簡本）——害（帛書甲乙、漢簡本、王弼本）。（66）

樂（楚簡本）——樂（帛書甲乙、漢簡本、王弼本）。（66）

4. 誤字

天（楚簡本）——夫（帛書甲乙、漢簡本、王弼本）。（2）

有（帛書甲乙、漢簡本）——不（王弼本）。（8）

爲（帛書乙、漢簡本）——無（王弼本）。（10）

今（帛書甲乙）——古（漢簡本、王弼本）。（14）

客（楚簡本、漢簡本、帛書乙）——容（王弼本）。（15）

天道（楚簡本）——天物（帛書甲乙、漢簡本）——夫物（王弼本）。（16）

金（帛書甲）——全（帛書乙、漢簡本、王弼本）。（23）

者（帛書甲）——失（帛書乙、王弼本）。（24）

日（帛書甲，日質）——白（帛書乙、漢簡本）——榮（王弼本，匣耕，質、耕通轉）。（28）

式（帛書甲乙、王弼本）——武（漢簡本）。（28）

孫（楚簡本）——矜（帛書甲乙、漢簡本、王弼本），矜當爲矜之誤寫，矜與孫義通。（30）

觟（漢簡本）——佳（王弼本），佳爲隹止誤寫。（31）

天（楚簡本）——而（帛書甲乙、漢簡本、王弼本）。（32）

少（楚簡本）——小（帛書乙、漢簡本）——川（王弼本），或爲改寫。（32）

异（楚簡本）——與（帛書甲乙、漢簡本，餘魚）——於（王弼本，影魚）。（32）

𢼒（楚簡本）——執（帛書甲乙、王弼本）——𪜶（漢簡本）。（35）

毋已（帛書甲乙）——無已（漢簡本）——無以（王弼本），以為已之誤。（39）

蓮（帛書甲乙）——死（漢簡本）——裂（王弼本），死或為列之誤。（39）

昏（楚簡本）——存（帛書乙、漢簡本、王弼本）。（40）

恒无心（帛書乙）——恒無心（漢簡本）——無常心（王弼本）。（49）

柔（楚簡本）——柔（帛書甲乙、漢簡本、王弼本）。（55）

天（楚簡本）——而（帛書甲乙、王弼本）。（56）

昏（楚簡本、漢簡本）——昬（帛書甲乙、王弼本）。（57）

智（楚簡本）——知（帛書甲）——智（漢簡本）——伎巧（王弼本），改寫。（57）

送（帛書甲）——徙（帛書乙、漢簡本、王弼本）。（67）

多（帛書乙）——辯（漢簡本、王弼本），當為改寫。（67）

於（帛書甲）——大（帛書乙、漢簡本、王弼本）。（71）

夫（帛書甲乙、王弼本）——天（漢簡本）。（72）

䄄（帛書乙）——怪（漢簡本）——恢（王弼本）（75）

伐（帛書甲）——代（帛書乙、漢簡本、王弼本）。（76）

天者（帛書甲乙、漢簡本）——天下（王弼本），當為改寫。（79）

失（漢簡本，書質）——勝（王弼本，書蒸，質、蒸旁對轉），失或為先之形誤，又或為音借。（80）

第六篇　帛書《老子》勘定本

道　經

1. 道，可道也，非恒道也；名，可名也，非恒名也。无名，萬物之始也；有名，萬物之母也。故恒无欲也，以觀其妙；恒有欲也，以觀其所徼。兩者同出，異名同謂，玄之又玄，眾妙之門。

2. 天下皆知美之爲美，惡已；皆知善，斯不善矣。有无之相生也，難易之相成也，長短之相形也，高下之相傾也，音聲之相和也，先後之相隨，恒也。是以聖人居无爲之事，行不言之教。萬物作而弗始也，爲而弗恃也，成而弗居也。夫唯弗居，是以弗去。

3. 不上賢，使民不爭；不貴難得之貨；使民不爲盜；不見可欲，使民不亂。是以聖人之治也，虛其心，實其腹，弱其志，强其骨。恒使民无知无欲也，使夫知不敢，弗爲而已，則无不治矣。

4. 道沖而用之，有弗盈也。淵兮，似萬物之宗。挫其銳，解其紛，和其光，同其塵。湛兮，似或存。吾不知其誰之子也，象帝之先。

5. 天地不仁，以萬物爲芻狗；聖人不仁，以百姓爲芻狗。天地之間，其猶橐籥與？虛而不屈，動而愈出。多聞數窮，不若守於中。

6. 谷神不死，是謂玄牝。玄牝之門，是謂天地之根。綿綿兮若存，用之不勤。

7. 天長地久。天地之所以能長且久者，以其不自生也，故能長生。是以聖人退其身而身先，外其身而身存。不以其无私與！故能成其私。

8. 上善若水，水善利萬物而有靜，居眾人之所惡，故幾於道矣。居善地，心善淵，與善天，言善信，正善治，事善能，動善時。夫唯不爭，故无尤。

9. 持而盈之，不若其已；揣而銳之，不可長保也；金玉盈室，莫之能守也；貴富而驕，自遺咎也。功遂身退，天之道也。

10. 載營魄抱一，能毋離乎？摶氣致柔，能嬰兒乎？滌除玄鑒，能毋有疵乎？愛民治國，能毋以智乎？天門啓闔，能爲雌乎？明白四達，能毋以知乎？生之畜之，生而弗有，長而弗宰也，是謂玄德。

11. 卅幅共一轂，當其无，有車之用也。埏埴而爲器，當其无，有埴器之用也。鑿戶牖，當其无，有室之用也。故有之以爲利，无之以爲用。

12. 五色令人目盲，五音令人耳聾，五味令人口爽，馳騁田獵令人心發狂，難得之貨令人行妨。是以聖人之治也，爲腹不爲目，故去彼取此。

13. 寵辱若驚，貴大患若身。何謂寵辱若驚？寵之爲下也，得之若驚，失之若驚，是謂寵辱若驚。何謂貴大患若身？吾所以有大患者，爲吾有身也，及吾无身，有何患。故貴以身爲天下，若可以託天下矣；愛以身爲天下，若可以去天下矣。

14. 視之而弗見，名之曰微；聽之而弗聞，名之曰希；捪之而弗得，名之曰夷。三者不可致詰，故混而爲一。一者，其上不曒，其下不昧，繩繩兮不可名也，復歸於无物。是謂无狀之狀，无物之象，是謂忽恍。隨而不見其後，迎而不見其首。執古之道，以御今之有。以知古始，是謂道紀。

15. 古之善爲道者，微妙玄通，深不可識。夫唯不可識，故强爲之容曰：豫兮其若冬涉水；猶兮其若畏四鄰；嚴兮其若客；渙兮其若淩釋；敦兮其若樸；混兮其若濁；曠兮其若谷。濁而靜之徐清，安以動之徐生。保此道不欲盈，夫唯不欲盈，是以能蔽而不成。

16. 致虛，極也；守靜，篤也。萬物並作，吾以觀其復也。夫物芸芸，各復歸其根。歸根曰靜；靜，是謂復命；復命，常也；知常，明也。不知常，妄；妄作，凶。知常容，容乃公，公乃王，王乃天，天乃道，道乃久，沒身不殆。

17. 太上，下知有之。其次，親譽之。其次，畏之。其下，侮之。信不足，安有不信。猶兮，其貴言也。成功遂事，而百姓謂我自然。

18. 故大道廢，安有仁義；智慧出，安有大僞；六親不和，安有孝慈；邦家昏亂，安有貞臣。

19. 絕聖棄智，民利百倍；絕仁棄義，民復孝慈；絕巧棄利，盜賊无有；此三言也，以爲文未足。故令之有所屬：見素抱樸，少私寡欲。

20. 絕學无憂。唯與呵，其相去幾何？美與惡，其相去何若？人之所畏，亦不可以不畏人。望兮，其未央哉！眾人熙熙，若享於太牢，而春登臺。我泊焉未兆，若嬰兒未咳。儽兮，似无所歸。眾人皆有餘，我獨遺。我愚人之心也，沌沌兮。俗人昭昭，我獨若昏兮；俗人察察，我獨悶悶兮。惚兮，其若海；恍兮，其若无所止。眾人皆有以，我獨頑以鄙。我欲獨異於人，而貴食母。

21. 孔德之容，唯道是從。道之爲物，惟恍惟惚。惚兮恍兮，其中有象。恍兮惚兮，其中有物。窈兮冥兮，其中有精。其精甚眞，其中有信。自古及今，其名不去，以順眾父。吾何以知眾父之然也？以此。

22. 企者不立。自是者不彰，自見者不明，自伐者无功，自矜者不長。其在道也，曰餘食贅形。物或惡之，故有道者弗居。

23. 曲則全，枉則直，窪則盈，敝則新，少則得，多則惑。是以聖人執一以爲天下式。不自是故彰，不自見故明，不自伐故有功，弗矜故能長。夫唯不爭，故天下莫能與之爭。古之所謂曲全者，豈語哉！誠全歸之。

24. 希言自然。飄風不終朝，暴雨不終日。孰爲此者？天地也。天地尚不能久，又況於人乎！故從事而道者，同於道；德者同於德；失者同於失。同於德者，道亦德之；同於失者，道亦失之。

25. 有物混成，先天地生。寂兮寥兮，獨立而不改，可以爲天地母。吾未知其名也，字之曰道，吾强爲之名曰大。大曰逝，逝曰遠，遠曰反。道大，天大，地大，王亦大。域中有四大，而王居一焉。人法地，地法天，天法道，道法自然。

26. 重爲輕根，靜爲躁君。是以君子終日行不離其輜重。雖有榮觀，燕處則超然。奈何萬乘之王而以身輕於天下。輕則失本，躁則失君。

27. 善行者无轍跡，善言者无瑕讁，善數者不用籌策。善閉者无關楗而不可開，善結者无繩約而不可解。是以聖人恆善救人，而无棄人，物无棄財，是謂襲明。故善人者，善人之師也；不善人者，善人之資也。不貴其師，不愛其資，雖智乎！大迷。是謂妙要。

28. 知其雄，守其雌，爲天下谿；爲天下谿，恒德不離；恒德不離，復歸於嬰兒。知其榮，守其辱，爲天下谷；爲天下谷，恒德乃足；恒德乃足，復歸於樸。知其白，守其黑，爲天下式；爲天下式，恒德不忒；恒德不忒，復歸於无極。樸散則爲器，聖人用則爲官長。夫大制无割。

29. 將欲取天下而爲之，吾見其弗得已。夫天下，神器也，非可爲者也。爲者敗之，執者失之。故物或行或隨，或歔或吹，或强或挫、或培或墮。是以聖人去甚、去泰、去奢。

30. 以道佐人主者，不以兵强於天下。其事好還。師之所處，荊棘生焉；大軍之後，必有凶年。善者果而已矣，毋以取强焉。果而勿驕，果而勿矜，果而勿伐，果而毋得已居，是謂果而不强。物壯則老，是謂不道，不道早已。

31. 夫兵者，不祥之器也。物或惡之，故有道者弗居。君子居則貴左，用兵則貴右。故兵者，非君子之器也；兵者，不祥之器也。不得已而用之，恬淡爲上，勿美也。若美之，是樂殺人也。夫樂殺人，不可以得志於天下矣。是以吉事尙左，喪事尙右。偏將軍居左，上將軍居右。言以喪禮居之也。殺人眾，以悲哀莅之；戰勝，以喪禮處之。

32. 道恆无名，樸，雖小，而天下弗敢臣。侯王若能守之，萬物將自賓。天地相合，以降甘露，民莫之令而自均焉。始制有名，名亦既有，夫亦將知止，知止所以不殆。譬道之在天下也，猶川谷之於江海。

33. 知人者智也，自知者明也。勝人者有力也，自勝者强也。知足者富也。强行者有志也。不失其所者久也。死而不亡者壽也。

34. 道泛兮，其可左右也，成功遂事而弗名有也。萬物歸焉而弗爲主，則恒无欲也，可名於小；萬物歸焉而弗爲主，可名爲大。是以聖人之能成大也，以其不爲大也，故能成其大。

35. 執大象，天下往。往而不害，安平太。樂與餌，過客止。故道之出言也，曰淡乎其无味也，視之不足見也，聽之不足聞也，而用之不可既也。

36. 將欲歙之，必固張之。將欲弱之，必固强之。將欲廢之，必固興之。將欲奪之，必固與之。是謂微明。柔弱勝强。魚不可脫於淵，邦之利器不可以示人。

37. 道恒无爲也。侯王若能守之，萬物將自化。化而欲作，吾將鎮之以无名之樸。鎮之以无名之樸，夫亦將不欲。不欲以静，天地將自正。

德 經

38. 上德不德，是以有德。下德不失德，是以无德。上德无爲而无以爲也。上仁爲之而无以爲也。上義爲之而有以爲也。上禮爲之而莫之以應也，則攘臂而扔之。故失道而後德，失德而後仁，失仁而後義，失義而後禮。夫禮者，忠信之薄也，而亂之首也。前識者，道之華也，而愚之首也。是以大丈夫居其厚而不居其薄；居其實而不居其華。故去彼取此。

39. 昔之得一者，天得一以清，地得一以寧，神得一以靈，谷得一以盈，侯王得一以爲天下正。其致之也，謂天毋已清將恐裂，地毋已寧將恐發，神毋已靈將恐歇，谷毋已盈將恐竭，侯王毋已貴以高將恐蹶。故必貴而以賤爲本，必高矣而以下爲基。夫是以侯王自謂孤、寡、不穀。此其賤之本與？非也。故致數譽无譽。是故不欲琭琭若玉、硌硌若石。

40. 上士聞道，勤能行之；中士聞道，若存若亡；下士聞道，大笑之。弗笑，不足以爲道。是以建言有之曰：明道如昧，進道如退，夷道如纇。上德如谷，大白如辱，廣德如不足。建德如偷，質眞如渝。大方无隅，大器免成，大音希聲，大象无形，道褒无名。夫唯道，善始且善成。

41. 反也者，道之動也；弱也者，道之用也。天下之物生於有，有生於无。

42. 道生一，一生二，二生三，三生萬物。萬物負陰而抱陽，沖氣以爲和。

人之所惡，唯孤、寡、不穀，而王公以自名也。物或損之而益，益之而損。故人之所教，亦我而教人，故强梁者不得其死，我將以爲學父。

43. 天下之至柔，馳騁於天下之至堅。无有入於无間，吾是以知无爲之有益也。不言之教，无爲之益，天下希能及之矣。

44. 名與身孰親？身與貨孰多？得與亡孰病？甚愛必大費，多藏必厚亡。故知足不辱，知止不殆，可以長久。

45. 大成若缺，其用不弊。大盈若沖，其用不窮。大直若詘，大巧若拙，大贏若絀。躁勝寒，靜勝熱。清靜可以爲天下正。

46. 天下有道，卻走馬以糞；天下无道，戎馬生於郊。

罪莫厚於可欲，咎莫憯於欲得，禍莫大於不知足。故知足之足，恒足矣。

47. 不出於戶，以知天下；不窺於牖，以知天道。其出彌遠者，其知彌少。是以聖人不行而知，不見而明，弗爲而成。

48. 爲學者日益，爲道者日損。損之又損，以至於无爲也，无爲而无不爲。取天下也，恒无事，及其有事也，不足以取天下。

49. 聖人恒无心，以百姓之心爲心。善者善之，不善者亦善之，德善也。信者信之，不信者亦信之，德信也。聖人之在天下也，歙歙焉，爲天下渾心。而百姓皆注其耳目焉，聖人皆孩之。

50. 出生入死。生之徒十有三，死之徒十有三。而民生生，動皆之死地之十有三。夫何故也？以其生生也。蓋聞善攝生者，陵行不避兕虎，入军不被甲兵。兕无所投其角，虎无所措其爪，兵无所容其刃。夫何故也？以其无死地焉。

51. 道生之而德畜之，物形之而勢成之。是以萬物尊道而貴德。道之尊也，德之貴也，夫莫之爵而恒自然也。道生之，畜之；長之，遂之；亭之，毒之；養之，覆之。生而弗有也，爲而弗恃也，長而弗宰也，是謂玄德。

52. 天下有始，以爲天下母。既得其母，以知其子；既知其子，復守其母，沒身不殆。塞其兌，閉其門，終身不勤。啓其兌，濟其事，終身不救。見小曰明，守柔曰強。用其光，復歸其明，无遺身殃。是謂襲常。

53. 使我介然有知也，行於大道，唯施是畏。大道甚夷，而民好徑。朝甚除，田甚蕪，倉甚虛。服文彩，帶利劍，厭飲食，財貨有餘。是謂盜夸，非道也哉。

54. 善建者不拔，善抱者不脱，子孫以祭祀不絕。修之身，其德乃眞；修之家，其德有餘；修之鄉，其德乃長；修之邦，其德乃豐；修之天下，其德乃博。以身觀身，以家觀家，以鄉觀鄉，以邦觀邦，以天下觀天下。吾何以知天下之然哉？以此。

55. 含德之厚者，比於赤子。蜂蠆虺蛇弗螫，攫鳥猛獸弗搏。骨弱筋柔而握固，未知牝牡之會而朘怒，精之至也；終日號而不嚘，和之至也。和曰常，知常曰明。益生曰祥，心使氣曰強。物壯則老，謂之不道，不道早已。

56. 知之者弗言，言之者弗知。塞其兌，閉其門；挫其銳，解其紛；和其光，同其塵，是謂玄同。故不可得而親，亦不可得而疏；不可得而利，亦不可得而害；不可得而貴，亦不可得而賤。故爲天下貴。

57. 以正治國，以奇用兵，以无事取天下。吾何以知其然也哉？夫天下多忌諱，而民彌貧；民多利器，而邦家滋昏；人多伎巧，而奇物滋起；法物滋彰，而盜賊多有。是以聖人之言曰：我无爲而民自化，我好靜而民自正，我无事而民自富，我欲不欲而民自樸。

58. 其政悶悶，其民淳淳；其政察察，其民缺缺。禍兮，福之所倚；福兮，禍之所伏，孰知其極？其无正也，正復爲奇，善復爲妖。人之迷也，其日固久矣。是以方而不割，廉而不劌，直而不肆，光而不耀。

59. 治人事天莫若嗇。夫唯嗇，是以早服，早服是謂重積德。重積德則无不克，无不克則莫知其極，莫知其極，可以有國，有國之母，可以長久。是謂深根固柢，長生久視之道也。

60. 治大國若烹小鮮。

以道莅天下，其鬼不神。非其鬼不神也，其神不傷人也。非其神不傷人也，聖人亦弗傷也。夫兩不相傷，故德交歸焉。

61. 大邦者，下流也，天下之牝也，天下之交也。牝恒以靜勝牡，爲其靜也，故宜爲下。大邦以下小邦，則取小邦；小邦以下大邦，則取於大邦。故或下以取，或下而取。故大邦者，不過欲兼畜人；小邦者，不過欲入事人。夫皆得其欲，則大者宜爲下。

62. 道者，萬物之奧也。善人之寶也，不善人之所保也。美言可以市，尊行可以加人。人之不善也，何棄之有。故立天子，置三卿，雖有拱之璧以先駟馬，不若坐而進此。古之所以貴此者，何也？不謂求以得，有罪以免與？故爲天下貴。

63. 爲无爲，事无事，味无味。大小多少，報怨以德。圖難乎其易也，爲大乎其細也。天下之難作於易，天下之大作於細。是以聖人終不爲大，故能成其大。夫輕諾必寡信，多易必多難。是以聖人猶難之，故終无難矣。

64. 其安也，易持也；其未兆也，易謀也；其脆也，易泮也；其微也，易散也。爲之於其未有也，治之於其未亂也。合抱之木，生於毫末；九層之臺，作於累土；百仞之高，始於足下。爲之者敗之，執之者失之。是以聖人无爲也，故无敗也；无執也，故无失也。民之從事也，恒於其幾成也敗之。故愼終若始，則无敗事矣。是以聖人欲不欲，不貴難得之貨；學不學，復衆人之所過，以輔萬物之自然而弗敢爲。

65. 古之爲道者，非以明民也，將以愚之也。夫民之難治也，以其智也。故以智治國，國之賊也；以不智治國，國之德也。恒知此兩者，亦稽式也。恒知稽式，是謂玄德。玄德深矣，遠矣，與物反矣，乃至大順。

66. 江海之所以能爲百谷王者，以其善下之也，故能爲百谷王。是以聖人之欲上民也，必以其言下之；其欲先民也，必以其身後之。故居上而民弗重也，居前而民弗害也，天下樂推而弗厭也。非以其无爭與？故天下莫能與之爭。

67. 小邦寡民。使有十百人之器而不用，使民重死而遠徙。有舟車无所乘之，有甲兵无所陳之，使民復結繩而用之。甘其食，美其服，安其居，樂其俗。鄰邦相望，雞犬之聲相聞，民至老死不相往來。

68. 信言不美，美言不信；知者不博，博者不知；善者不多，多者不善。聖人无積，既以爲人，己愈有；既以與人矣，己愈多。故天之道，利而不害；人之道，爲而弗爭。

69. 天下皆謂我大，似不肖。夫唯大，故不肖。若肖，久矣其細也夫。我有三寶，持而寶之：一曰慈，二曰儉，三曰不敢爲天下先。夫慈，故能勇；儉，故能廣；不敢爲天下先，故能爲成器長。今舍其慈且勇，舍其儉且廣，舍其後且先，則死矣！夫慈，以戰則勝，以守則固。天將建之，如以慈垣之。

70. 善爲士者不武，善戰者不怒，善勝敵者弗與，善用人者爲之下。是謂不爭之德，是謂用人，是謂配天，古之極也。

71. 用兵有言曰：吾不敢爲主而爲客，不敢進寸而退尺。是謂行无行，攘无臂，執无兵，乃无敵矣。禍莫大於无敵，无敵幾亡吾寶矣。故抗兵相若，則哀者勝矣。

72. 吾言甚易知也，甚易行也。而天下莫之能知也，莫之能行也。言有宗，事有君。夫唯无知也，是以不我知。知我者希，則我貴矣。是以聖人被褐而懷玉。

73. 知不知，尚矣；不知不知，病矣。夫唯病病，是以不病。是以聖人之不病也，以其病病也，是以不病。

74. 民不畏威，則大威將至矣。毋狎其所居，毋厭其所生。夫唯弗厭，是以不厭。是以聖人自知而不自見也，自愛而不自貴也。故去彼取此。

75. 勇於敢則殺，勇於不敢則活。此兩者或利或害。天之所惡，孰知其故？天之道，不爭而善勝，不言而善應，弗召而自來，繟然而善謀。天網恢恢，疏而不失。

76. 若民恒且不畏死，奈何以殺懼之也？若民恒且畏死，而爲奇者，吾得而殺之，夫孰敢矣？若民恒且必畏死，則恒有司殺者。夫代司殺者殺，是代大匠斲也。夫代大匠斲者，則希不傷其手矣。

77. 人之飢也，以其取食稅之多也，是以饑。百姓之不治也，以其上之有以為也，是以不治。民之輕死也，以其求生之厚也，是以輕死。夫唯无以生為者，是賢貴生。

78. 人之生也柔弱，其死也筋肕堅强；萬物草木之生也柔脆，其死也枯槁。故曰：堅强者，死之徒也；柔弱者，生之徒也。是以兵强則不勝，木强則兵。故强大居下，柔弱居上。

79. 天之道，其猶張弓者也。高者抑之，下者舉之；有餘者損之，不足者補之。故天之道，損有餘而補不足。人之道則不然，損不足而奉有餘。孰能有餘而有以取奉於天者乎？唯有道者也。是以聖人為而弗有，成功而弗居也，若此其不欲見賢也。

80. 天下莫柔弱於水，而攻堅强者莫之能勝也，以其无以易之也。柔之勝剛也，弱之勝强也，天下莫弗知也，而莫能行也。故聖人之言云：受邦之垢，是謂社稷之主；受邦之不祥，是謂天下之王。正言若反。

81. 和大怨，必有餘怨，焉可以為善。是以聖人執左契，而不以責於人。故有德司契，無德司徹。夫天道无親，恒與善人。

參考文獻

1. 荊門市博物館,《郭店楚墓竹簡》〔M〕,北京:文物出版社,1998。

2. 國家文物局古文獻研究室,《馬王堆漢墓帛書》(壹)〔M〕,北京:文物出版社,1980。

3. 馬王堆漢墓帛書整理小組編,《馬王堆漢墓帛書》〈老子〉〔M〕,北京:文物出版社,1976。

4. 裘錫圭主編,《長沙馬王堆漢墓簡帛集成》〔M〕,北京:中華書局,2014。

5. 北京大學出土文獻研究所,《北京大學藏西漢竹書(貳)》〔M〕,上海:上海古籍出版社,2012。

6. 樓宇烈,《王弼集》〔M〕,北京:中華書局,1980。

7. 滕壬生,《楚系簡帛文字編》〔M〕,武漢:湖北教育出版社,2008 年。

8. 中國社科院考古研究院,《甲骨文編》〔M〕,北京:中華書局,1965。

9. 容庚編著,《金文編》〔M〕,張振林,馬國權摹補,北京:中華書局,1985。

10. 高明、涂白奎,《古文字類編》,張振林、馬國權摹補,上海:上海古籍出版社,2008。

11. 李零,劉新光整理,《汗簡 古文四聲韻》〔M〕,北京:中華書局,2010。

12. 錢繹,《方言箋疏》〔M〕,上海古籍出版社,1984。

13. 王建,《史諱辭典》〔M〕,東京:汲古書院,1997。

14. 高明,《帛書老子校注》〔M〕,北京:中華書局,1996。

15. 廖名春,《郭店楚簡老子校釋》〔M〕,北京:清華大學出版社,2003。

16. 王卡點校,《老子道德經河上公章句》〔M〕,北京:中華書局,1993。

17. 范應元,《老子道德經古本集注》〔M〕,北京:中華書局,1998。

18. 奚侗,《老子集解》〔M〕,合肥:黃山書社,1994。

19. 江有誥，《音學十書》〔M〕，北京：中華書局，1993。

20. 王德有點校，《老子指歸》〔M〕，北京：中華書局，1994。

21. 范應元，《老子道德經古本集注》〔M〕，北京：中華書局，1998。

22. 崔仁義，《荊門郭店楚簡《老子》研究》〔M〕，北京：科技出版社，1998。

23. 劉信芳，《荊門郭店竹簡老子解詁》〔M〕，臺北：藝文印書館，1999。

24. 劉信芳，〈荊門郭店楚簡老子文字考釋〉〔C〕，‖《中國古文字研究》第一輯，長春：吉林大學出版社，1999。

25. 丁原植，《郭店竹簡老子釋析與研究》〔M〕，臺北：萬卷樓圖書有限公司，1998。

26. 古隸、周英，《老子通　老子校詁》〔M〕，長春：吉林人民出版社，1991。

27. 張光裕，《郭店楚簡研究（文字編）》〔M〕，臺北：藝文印書館，1999。

28. 鄭良樹，《老子新校》〔M〕，臺北：學生書局，1997。

29. 魏啓鵬，《楚簡《老子》柬釋》〔M〕，臺北：萬卷樓圖書有限公司，1999。

30. 趙建偉，〈郭店竹簡《老子》校釋〉〔C〕，‖《道家文化研究》（17），北京：三聯書店，1999。

31. 彭浩，《郭店楚簡《老子》校讀》〔M〕，武漢：湖北人民出版社，2000。

32. 俞樾，《諸子評議》〔M〕，上海：上海書店影印，1988。

33. 蔣錫昌，《老子校詁》〔M〕，影印本，成都：成都古籍書店，1988。

34. 馬敘倫，《老子校詁》〔M〕，北京：古籍出版社，1956。

35. 高亨，《老子正詁》〔M〕，影印本，北京：中國書店，1988。

36. 高亨，《老子注譯》〔M〕，鄭州：河南人民出版社，1980。

37. 朱謙之，《老子校釋》〔M〕，北京：中華書局，1984。

38. 劉師培，《老子斠補》〔M〕，‖劉申叔遺書，南京：江蘇古籍出版社，1997。

39. 陳柱，《老子集訓》〔M〕，上海：商務印書館，1928。

40. 陳柱，《老子八篇》〔M〕，上海：商務印書館，1928。

41. 許抗生，《帛書老子註釋與研究》〔M〕，杭州：浙江人民出版社，1985。

42. 陳鼓應，《老子註釋及評介》〔M〕，北京：中華書局，1984。

43. 張松如，《老子說解》〔M〕，濟南：齊魯書社，1987。

44. 尹振環，《帛書老子釋析——論帛書老子將會取代今本老子》〔M〕，貴陽：貴州人民出版社，1995。

45. 李若暉，《郭店竹書老子論考》〔M〕，濟南：齊魯書社，2004。

46. 丁四新，《郭店楚竹書《老子》校注》〔M〕，武漢：武漢大學出版社，2010。

47. 高亨、董治安，《古字通假會典》〔M〕，濟南：齊魯書社，1989。

48. 王力，《漢語語音史》〔M〕，中國社會科學出版社，1985。

49. 郭錫良，《漢字古音手冊》〔M〕，北京：北京大學出版社，2011。

50. 李方桂，《上古音研究》〔M〕，北京：商務印書館，1980。

51. 唐作藩，《音韻學教程》〔M〕，北京：北京大學出版社，2013。

52. 唐作藩，《上古音手冊》〔M〕，北京：中華書局，2013。

53. 萬獻初，《音韻學要略》〔M〕，武漢：武漢大學出版社，2012。

54. 林濤、耿振生，《音韻學概要》〔M〕，北京：商務印書館，2008。

55. 竺家寧，《聲韻學（聲韻之旅)》〔M〕，台北：五南圖書出版公司，2015。

56. 李小凡、項夢冰，《漢語方言學基礎教程》〔M〕，北京：北京大學出版社，2013。

57. 陳彭年等，《宋本廣韻》〔M〕，影印本，北京：中國書店，1982。

58. 朱駿聲，《說文通訓定聲》〔M〕，北京：中華書局，1998。

59. 段玉裁，《說文解字注》〔M〕，上海：上海古籍出版社，1998。

60. 王筠，《說文解字句讀》〔M〕，北京：中華書局，1998。

61. 王筠，《說文釋例》〔M〕，北京：中華書局，1998。

62. 桂馥，《說文解字義證》〔M〕，北京：中華書局，1987。

63. 王念孫，《廣雅疏證》〔M〕，南京：江蘇古籍出版社，1984。

64. 王念孫，《讀書雜志》〔M〕，南京：江蘇古籍出版社，1985。

65. 崔述，《崔東壁遺書》〔M〕，上海：上海古籍出版社，1983。

66. 楊樹達，《積微居小學述林》〔M〕，北京：中華書局，1983。

67. 楊寬，《古史新探》〔M〕，北京：中華書局，1965。

68. 王國維，《觀堂集林》〔M〕，北京：中華書局，1984。

69. 王力，《同源字典》〔M〕，北京：商務印書館，1999。

70. 王力，《王力古漢語字典》〔M〕，北京：中華書局，2002。

71. 許慎，《說文解字》〔M〕，北京：中華書局，1996。

72. 徐仲書，《甲骨文字典》〔M〕，成都：四川辭書出版社，1988。

73. 于省吾，《甲骨文字林》〔M〕，成都：中華書局，1979。

74. 李孝定，《甲骨文字集釋》〔M〕，台北：「中央」研究院歷史語言研究所，1970。

75. 唐蘭，《古文字學導論》〔M〕，齊魯書社，1981。

76. 裘錫圭，《文字學概要》〔M〕，北京：商務印書館，2013。

77. 裘錫圭，《中國出土古文獻十講》〔M〕，復旦大學出版社，2004。

78. 何琳儀，《戰國文字通論》〔M〕，北京：中華書局，1989。

79. 何琳儀,《戰國古文字典——戰國文字聲系》〔M〕,北京:中華書局,1998。

80. 饒宗頤,《楚地出土文獻三種研究》〔M〕,北京:中華書局,1993。

81. 《道藏》〔M〕,北京:文物出版社,1988。

82. 張繼禹主編,《中化道藏》〔M〕,北京:華夏出版社,2004。

83. 鄭良樹,《竹簡帛書論文集》〔M〕,北京:中華書局,1982。

84. 陳鼓應主編,《道家文化研究》第三輯〔C〕,上海:上海古籍出版社,1993。

85. 陳鼓應主編,《道家文化研究》第十七輯〔C〕,上海:上海古籍出版社,1999。

86. 中國哲學編輯部編,《中國哲學》第二十輯〔C〕,北京:人民出版社,1999。

87. 武漢大學中國文化研究院編,《郭店楚簡國際學術研討會論文集》〔C〕,武漢:湖北人民出版社,2000。

88. 礩冰,〈「法令滋彰」還是「法物滋彰」〉〔J〕,《歷史研究》,1976（2）。

89. 高明,〈帛書《老子》甲乙本與今本《老子》勘校札記〉〔C〕,‖《文物資料叢刊》第二輯,北京:文物出版社,1978。

90. 高明,〈讀郭店《老子》〉〔J〕,《中國文物報》,1998（10）。

91. 袁國華,〈郭店楚簡文字考釋十一則〉〔J〕,《中國文字》新 24 期,1998。

92. 裘錫圭,〈糾正我在郭店《老子》簡釋讀中的一個錯誤〉〔C〕,‖《郭店楚簡國際學術研討會論文集》,武漢:湖北人民出版社,2000。

93. 廖名春,〈楚簡老子校釋〉（七）〔C〕,《武漢大學中國文化研究院《人文論叢》》1999 年卷。

94. 許抗生,〈初讀郭店竹簡《老子》〉〔C〕,‖《郭店楚簡研究》（《中國哲學》第 20 輯）,大連:遼寧教育出版社,2000。

95. 李零,〈讀郭店楚簡《老子》〉〔C〕,‖《美國達慕思大學郭店《老子》國際研討會論文》,1998。

96. 裘錫圭,〈以郭店老子簡為例談談古文字的考釋〉〔C〕,‖《郭店簡與儒學研究》（《中國哲學》第 21 輯）,大連:遼寧教育出版社,2002。

97. 李家浩,〈關於郭店《老子》乙組一支殘簡的拼接〉〔J〕,《中國文物報》,1998（10）。

98. 尹振環,〈論《郭店竹簡老子》——簡帛《老子》比較研究〉〔J〕,《文獻》,1999（3）。